Anne BACUS

LE SOMMEIL
DE VOTRE ENFANT

• MARABOUT •

Sommaire

Avant-propos

Ce livre est le résultat de quinze années de travail en tant que psychologue, en pratique libérale et en crèche. Quinze années au service des parents et de leurs enfants, à l'écoute de leurs difficultés. Il est donc le fruit d'une pratique clinique. Aussi s'agit-il d'un ouvrage concret, destiné aux parents qui souffrent des troubles du sommeil de leurs enfants, désirent les prévenir ou simplement s'interrogent.

En tant que mère de famille, j'ai pu expérimenter : le bébé inconsolable au milieu de la nuit sans qu'on soit capable d'en comprendre la raison ; les coups au plafond des voisins excédés ; la nuit finie sur le canapé du salon pour donner une chance au conjoint de dormir ; les rappels incessants pour un verre d'eau ou un câlin ; les hurlements à trois heures du matin ; l'obligation de se précipiter dans la chambre « pour ne pas réveiller l'aîné » ; le « petit dormeur » debout tous les jours à six heures ; etc.

On survit à tout cela. Quant aux enfants, passé la petite enfance, ils deviennent des dormeurs au sommeil de plomb et des adolescents qu'il faudra réveiller à midi.

En première partie de cet ouvrage, nous donnerons des informations sur la physiologie du sommeil chez l'enfant jeune. Certains points sont importants à connaître si l'on ne veut pas contrarier, chez le tout-petit, la mise en place des premiers rythmes. Nous y traiterons aussi des conditions qui entourent le sommeil de l'enfant : la manière d'aménager le coin repos ou de vêtir l'enfant. Nous terminerons en passant brièvement en revue les conditions indispensables à un bon sommeil.

Nous aborderons ensuite l'éducation au sommeil. Âge par âge, nous verrons comment aider l'enfant à se sentir à l'aise dans son lit et à aimer dormir. Sous forme de questions/réponses, nous envisagerons les interrogations des parents au jour le jour.

Enfin, nous examinerons les troubles du sommeil proprement dits. Endormissement difficile, réveils nocturnes, cauchemars : nous verrons comment les comprendre et y faire face.

Pour conclure, nous évoquerons les difficultés des parents eux-mêmes confrontés au manque de sommeil et aux conséquences que cela entraîne parfois : épuisement, stress, conflit de couple, etc.

Présentation

Le sommeil est au centre de nos vies. Nous, adultes, passons un tiers de notre existence à dormir. Les enfants encore davantage. C'est dire si le sommeil est un temps très important. Les études sur le sommeil nous ont appris que ce temps est indispensable à notre bon fonctionnement physique et psychologique. Notre façon de dormir fait partie de notre tempérament. Il y a les petits et les gros dormeurs, les couche-tôt et les couche-tard, ceux pour qui se glisser entre les draps est un délice et ceux qui appréhendent ce moment, le repoussant le plus tard possible. Il semblerait bien que nos habitudes de sommeil remontent à l'enfance. La manière dont les enfants dorment pendant leurs premières années aura des conséquences tout au long de leur vie. Or, le sommeil des petits enfants n'est pas de tout repos pour les parents.

« Dormir comme un bébé » : l'expression est amusante. Il suffit d'interroger quelques parents pour s'apercevoir que dormir comme leurs bébés, en se réveillant plusieurs fois par nuit, en pleurant régulièrement, en faisant des cauchemars, n'est peut-être pas ce qu'il y a de plus reposant. En tout cas pour eux.

Une réalité souvent difficile

L'image est belle, qui évoque un doux bonheur familial. Papa et maman, émus et attendris, se penchent ensemble sur le berceau tendu de dentelle blanche où sommeille, un sourire flottant sur les lèvres, un bébé rose et repu. Photo suivante, deux ans plus tard : les parents lisent une histoire au bambin, puis lui font un gros baiser, puis le laissent, calme, suçant son pouce et sagement bordé, s'aventurer au pays des rêves...

Si ces descriptions existent dans la réalité, elles ne concernent pas tous les enfants, ni ne se reproduisent tous les soirs. Ce que me décrivent les parents est bien différent. C'est un bébé de six mois qui « prend la nuit pour le jour » et se réveille encore régulièrement, toutes les trois ou quatre heures, pour réclamer son biberon. C'est un bébé de dix mois qui refuse de s'endormir ailleurs que dans les bras de sa maman. C'est une petite fille de dix-huit mois que sa maman n'arrive pas à sevrer et qui se relève la nuit, venant chercher le sein. C'est un petit garçon de deux ans qui se réveille trois fois par nuit, qui appelle en hurlant et qui ne se rendort qu'après de gros et longs câlins. Ce sont tous ceux qui, dès qu'ils sont capables d'escalader les barreaux de leur petit lit, se faufilent dans le couloir et se glissent tout doucement dans le

lit parental. Mais c'est aussi ce papa qui va régulièrement, au milieu de la nuit, faire un tour en voiture
avec son bébé, seul moyen efficace qu'il ait trouvé
pour le calmer et laisser dormir la maman. Ou cette
mère qui, depuis quatre mois, passe ses nuits dans la
chambre d'enfant, couchée sur un matelas à côté du
petit lit, son enfant ne pouvant supporter qu'elle ne
soit pas là, à la demande, pour lui tenir la main. Ce
sont enfin tous ces couples épuisés, dont les nuits sont
écourtées et hachées par le sommeil troublé de leur
enfant.

Les troubles du sommeil

Les problèmes de sommeil passagers font partie du
développement normal de l'enfant. Aucun enfant ne
dort naturellement, spontanément et volontiers, toutes
les nuits, de la naissance à cinq ans. Cela signifie que
tous les parents sont confrontés, un jour ou l'autre, à
un enfant qui refuse de s'endormir, qui se réveille la
nuit ou qui fait un affreux cauchemar. Si ces problèmes dépassent une certaine intensité ou une certaine durée, ils sont considérés comme des troubles
du sommeil.

Ceux-ci sont un des éléments courants de la vie
du bébé et du jeune enfant, donc de celle de leurs
parents. Ils peuvent survenir à une occasion précise
de la vie de l'enfant (maladie, déménagement, changement de nourrice, par exemple) et disparaître rapidement. Ils peuvent aussi s'installer durablement
dans la vie familiale, au point que les parents ne se
souviennent plus quand ils ont fait leur dernière nuit
complète.

Quand peut-on parler de trouble du sommeil réellement constitué ? Seuls les parents ont la réponse. Un trouble ne devient pathologique que lorsqu'il a des répercussions importantes sur l'entourage de l'enfant. Même si les parents souffrent de voir leurs soirées encombrées et leurs nuits écourtées, tous n'ont pas la même appréciation du phénomène ni le même niveau de tolérance.

Certains font preuve d'une compréhension importante, qui fait parfois écho à leur culpabilité : « On ne le voit pas de la journée, c'est normal qu'il essaie de rester le plus longtemps possible avec nous le soir. Nous aussi, on aime bien le garder près de nous. » D'autres supportent plus difficilement. Du fait de journées fatigantes et largement remplies, ils ressentent un besoin aigu de disposer de leurs soirées et de leurs nuits pour récupérer. Les conflits autour du sommeil sont trop lourds : ils occupent le temps de la détente et le temps du couple. Ils ne leur permettent plus d'être les parents qu'ils voudraient être.

Le sommeil de l'enfant n'est un problème que dans la mesure où il compromet le bien-être des parents et la joie de vivre de la famille dans son ensemble. Les données objectives existent bien sûr — par exemple, le nombre d'éveils du bébé chaque nuit — mais les répercussions dépendent du temps que le bébé met à se rendormir, de la réaction des parents, du temps qu'eux-mêmes mettent à se rendormir, etc.

Une chose est sûre : tous peuvent être aidés. Mettre en place de bonnes habitudes de sommeil et traiter rapidement les difficultés qui surviennent restent les meilleures attitudes pour prévenir d'éventuels problèmes à venir.

Les répercussions

De bonnes habitudes de sommeil ou, à l'inverse, un sommeil troublé pour toute la famille, cela change tout. Bien reposé, chacun peut faire face à ses émotions et aux tâches de chaque jour, appréhendant la vie avec optimisme, énergie et bonne humeur. Le manque de sommeil peut rendre la vie familiale stressante et interférer plus qu'on ne l'imagine de prime abord sur le comportement habituel de chacun.

Sur l'enfant

Tant que l'enfant est très jeune, il souffre généralement peu de ses difficultés de sommeil. Le plus souvent, il récupère le jour, lors des siestes, le sommeil qu'il n'a pas eu la nuit. Néanmoins, je suis persuadée que l'enfant qui est autonome la nuit et dort correctement est finalement plus heureux. Il est plus à même de contrôler son équilibre émotionnel et de faire face aux défis de la journée. Il est plus relaxé, ses parents aussi : l'ambiance générale est meilleure.

Lorsque l'enfant commence à grandir, vers l'âge de deux ans, il peut être lui-même affecté par ses difficultés. Sommeil et santé sont liés. Il y a d'abord les effets de la fatigue, lorsque la sieste devient plus rare. S'il est courant de dire que les problèmes de la nuit se règlent le jour, il est tout aussi exact d'affirmer que les difficultés de sommeil entraînent des difficultés d'éveil.

Un bon développement est lié à la capacité, la nuit, de récupérer des efforts du jour. Le sommeil joue des rôles multiples dans le développement de l'enfant, dont beaucoup nous échappent encore, mais parmi lesquels on compte la faculté de mémorisation et la production d'hormone de croissance. Outre les effets de la fatigue, l'enfant peut souffrir d'un manque d'estime de lui-même s'il se sent encore dépendant de ses parents pour son sommeil et ses nuits.

Sur les parents

Ce sont généralement les parents, parfois les enfants aînés, qui payent le plus lourd tribut aux troubles du sommeil du petit dernier. Leurs journées peuvent être très affectées par la fatigue, sur les plans physique, intellectuel ou émotionnel. De merveilleux parents peuvent se retrouver à crier contre leur bébé, ou à fondre en larmes d'épuisement, tant la privation de repos peut être douloureuse. Ils peuvent aussi se trouver en difficulté dans leur vie de couple, tout simplement parce que cette dernière est désormais réduite à très peu de chose. À ne plus partager que l'épuisement, les conflits surviennent rapidement.

Or, c'est dès l'enfance que se construit le rapport au sommeil. Selon les habitudes prises, on devient un bon ou un mauvais dormeur. Les parents ont une responsabilité éducative importante à jouer dans ce domaine. C'est à eux de se renseigner sur les mécanismes du sommeil, de comprendre les enjeux et d'adopter les bonnes attitudes.

L'ampleur du problème

Près du quart des consultations psychologiques concernant les jeunes enfants que j'ai eu à mener ces dernières années avaient pour objet des troubles du sommeil. Sans compter toutes les difficultés de sommeil que l'on découvre au fil d'une consultation dont ce n'était pas la demande principale : bébé difficile à sevrer, problèmes d'autorité ou d'organisation, dépression maternelle, problèmes de couple, etc. La constatation est la même pour tous mes collègues psychologues qui travaillent avec les familles, mais cette remarque vaut aussi pour les pédiatres et les médecins généralistes, qui sont en première ligne.

Tous les parents confrontés aux difficultés de sommeil de leur enfant ne consultent pas, loin de là. Aussi peut-on légitimement penser qu'il s'agit d'un problème très commun. Il n'est pas exagéré d'écrire que la quasi-totalité des enfants de moins de cinq ans a traversé une période d'éveil nocturne. Quant aux mauvaises habitudes, elles peuvent perdurer au fil des années. Il y a davantage d'enfants de trois ans que d'enfants de deux ans qui retardent l'heure de dormir en demandant encore un baiser ou encore un verre d'eau ou qui se relèvent plusieurs fois avant de tomber endormis.

Pourquoi tant de difficultés autour du sommeil ?

Le sommeil est un enjeu essentiel dans la vie de l'enfant et dans la relation qu'il entretient, tant avec ses parents qu'avec lui-même. Durant les toutes premières années de son existence, les raisons qu'a un enfant de ne pas vouloir se mettre au lit, de lutter contre l'endormissement ou d'appeler à l'aide lorsqu'il se réveille sont nombreuses ; plus que celles qu'il aurait de faire une longue nuit paisible. Citons-en quelques-unes, sans souci de hiérarchie :

— Bébé a faim. Il a soif. Il a trop chaud.

— Il est entortillé dans son drap. Il a coincé une jambe entre deux barreaux du lit.

— Sa couche est souillée.

— Il a perdu sa tétine ou son doudou.

— Il n'a aucune envie de se séparer de sa maman qu'il adore et il ne voit pas pourquoi il le ferait.

— Il n'a pas envie de laisser maman à la seule garde de papa, d'autant qu'il ne sait pas trop ce qu'ils font derrière son dos.

— Il a mal aux dents, ou mal au ventre, ou mal aux oreilles. Il a le nez bouché. Il a de la fièvre.

— Il sait se lever, mais ne sait pas se rasseoir ni, bien sûr, se recoucher.

— Il déteste être tout seul dans une pièce.

— Il a fait un cauchemar.

— Il a peur du noir et des monstres sous le lit.

— Il n'a pas assez vu ses parents pendant le jour et tente de se rattraper la nuit.

— Il n'arrive pas à trouver le chemin du pot ou des toilettes.

— Il cherche à mesurer sa toute-puissance sur ses parents en calculant combien de fois il peut les faire revenir à son chevet et combien d'heures de nuit il peut les mobiliser.

Cela fait beaucoup de raisons de se réveiller et de crier. Pourtant, il est possible de mettre en place de bonnes habitudes de sommeil qui vont assurer des nuits correctes à chacun et d'améliorer tous les troubles, y compris les plus anciens. Même s'il n'existe pas de recette « miracle », pouvoir dormir des nuits entières n'est pas un rêve impossible. La méthode proposée consiste à s'appuyer sur une meilleure compréhension des mécanismes du sommeil et de la psychologie de l'enfant, à s'interroger sur son propre rapport au sommeil, et à utiliser les routines, les « trucs » et les techniques qui ont fait leurs preuves. Alors le sommeil des enfants s'améliore, parfois de manière spectaculaire.

Les troubles du sommeil d'origine éducative, les plus nombreux, relèvent d'une pédagogie assez simple à appréhender et à appliquer lorsqu'elle est bien comprise. C'est pourquoi la lecture de ce livre peut suffire dans la majorité des cas. Restent les situations réfractaires, lorsque les parents ressentent le besoin d'une aide plus personnalisée. Ils peuvent alors se tourner soit vers un psychologue, soit, dans les cas plus graves, vers une consultation de sommeil spécialisée, comme il en existe dans un certain nombre d'hôpitaux ou de cliniques.

La consultation de sommeil

C'est le plus souvent au pédiatre ou au médecin généraliste que les parents, épuisés, confient tout d'abord leur inquiétude. Perdus, ils attendent une solution « miracle », une petite pilule du sommeil qui résoudra toutes les difficultés. Or, que voit le médecin ? Des parents épuisés, hagards, les yeux cernés, n'en pouvant plus de toutes ces nuits décousues, accompagnés d'un enfant robuste, vif et en pleine santé. L'examen médical confirme que « tout va bien » et que l'enfant se développe au mieux. Les parents repartent parfois avec un médicament somnifère pour l'enfant, accompagné de quelques conseils éducatifs, ou d'une simple exhortation à la patience. Le somnifère, s'il fonctionne comme prévu, masque les causes, mais ne résout rien.

C'est le plus souvent en seconde intention, ou adressés par leur médecin, que les parents viennent voir le psychologue. Dans l'immense majorité des cas, l'origine des troubles du sommeil est, sinon psychologique, du moins éducative. Pourtant, il est toujours utile de s'assurer, à l'occasion d'une visite médicale, de l'absence de toute cause physiologique.

Mieux vaut ne pas trop attendre

Les psychologues sont souvent étonnés par la grande capacité qu'ont les parents à supporter les nuits chahutées par leurs enfants. Certains attendent des années avant de consulter, lorsqu'ils ont le sentiment d'avoir tout essayé et qu'aucune méthode n'a abouti. Si leur enfant cesse de manger ou s'il tarde à marcher, les parents s'inquiètent et interviennent. Mais ils tiennent les troubles du sommeil pour quantité négligeable ou inévitable. Ils ont tort. Plus tôt ils consultent et plus les problèmes se résolvent facilement. Un trouble qui dure depuis des mois ou des années, des habitudes prises depuis longtemps demandent souvent plus d'efforts à chacun. Mais le changement obtenu sera un immense soulagement pour tous.

Le bon critère pour consulter, outre la gravité du trouble, est la capacité des parents à le supporter et à y apporter les bonnes réponses. Il n'est pas rare que le fait d'être écoutés, encouragés, conseillés et affermis dans leurs résolutions suffise pour obtenir une nette amélioration.

La première consultation de sommeil prend du temps. Le professionnel, avec l'aide des parents, va tenter de comprendre ce qui sous-tend les difficultés de sommeil. Ce malaise que l'enfant exprime peut avoir de multiples origines et des significations diverses. Certaines lui sont propres, d'autres tiennent à ses parents, la plupart à la relation qu'il entretient avec eux. Un petit enfant, pas particulièrement anxieux en temps normal, que ses parents doivent recoucher dix fois avant qu'il consente à rester dans son lit a sans doute besoin de se voir confirmer des instructions et des limites claires. Un autre qui ne peut se coucher seul et se réveille la nuit en proie à de fréquents cauchemars présente peut-être les symptômes d'un stress non pris en compte.

Margot, quinze mois, entre dans mon cabinet en tenant la main de son papa, toute menue dans sa petite robe à fleurs. Cette apparence « angélique » se confirme. Margot s'assied gentiment entre ses parents et nous laisse discuter, sans rien perdre, bien sûr, de ce qui s'échange. Les nuits que décrivent les parents sont moins sereines ! Margot s'endort facilement lorsque ses parents la mettent au lit, aux alentours de vingt heures. Mais à minuit, elle se réveille, se met debout dans son lit et appelle sa maman. Lorsque celle-ci entre dans la chambre, Margot se calme immédiatement. Elle lui fait un grand sourire et lui tend l'ours, ou la poupée, pour lui demander de jouer avec elle. La maman se prête quelques minutes au jeu, puis recouche Margot qui se rendort. À deux heures du matin, même scénario. À quatre heures aussi. La maman n'en peut plus. Le papa précise qu'il lui arrive de se lever pour laisser une chance à sa femme de dormir, mais que Margot continue à crier jusqu'à ce que sa mère finisse par la rejoindre.

Ces réveils nocturnes réguliers et épuisants pour tout le monde durent depuis six mois. Les parents me précisent qu'avant de venir me consulter, ils ont essayé beaucoup de choses. Par exemple, de laisser crier Margot. Mais au bout de trente minutes, ils ont « craqué » les premiers. Il leur était insupportable de laisser pleurer leur fillette seule dans sa chambre, quand la venue de sa maman amenait un si merveilleux sourire sur son visage. « Nous nous sentions comme des bourreaux », disent-ils.

Au cours de l'entretien, Margot s'est levée du canapé et a commencé à se promener dans mon cabinet, regardant autour d'elle avec curiosité. Je lui ai indiqué le tiroir où se trouvent les jouets, plus proche de mon fauteuil que du canapé où ses parents étaient assis. Cette disposition de l'espace me permet assez facilement de me faire une idée du degré d'autonomie de l'enfant : il y a ceux qui ouvrent le tiroir et sortent tous les jouets sur le tapis, ceux qui en sortent un et l'emmènent bien vite jusqu'au canapé, ceux qui ne vont pas jusqu'au tiroir malgré les encouragements des parents... Le comportement des enfants diffère beaucoup selon qu'ils se sentent en sécurité ou non, quand ils se trouvent dans un lieu inconnu d'eux. Margot a ouvert le tiroir, sorti un puzzle en bois et commencé à jouer.

J'interroge alors les parents sur les circonstances de la grossesse et de l'accouchement. La mère de Margot prend la parole pour me raconter le drame qu'ils ont vécu. À huit mois de grossesse, elle a eu un accident de voiture. Hospitalisée dans un état grave, elle a fini sa grossesse allongée dans une chambre, dans un état proche du coma. L'accouchement a été déclenché et le bébé est né en bonne santé. Prise en charge par l'hôpital pendant une quinzaine de jours, Margot a ensuite été confiée à son papa qui l'a emmenée à la maison. L'état de la maman était suffisamment grave pour qu'elle doive rester à l'hôpital, puis en maison de convalescence avec rééducation pendant encore plusieurs mois. Son mari allait la voir régulièrement, accompagné de Margot chaque fois que possible. Dans la journée, Margot était gardée par une assistante maternelle avec laquelle elle s'entendait très bien. Sa grand-mère maternelle venait souvent à la maison donner un coup de main et la garder.

Le retour de la maman à la maison datait de six mois. C'est peu de temps après que Margot a commencé à se réveiller plusieurs fois par nuit et à exiger sa présence à ses côtés. Comme si elle avait eu besoin de vérifier qu'elle était bien là. Comme pour rattraper tout ce temps perdu. La maman, au fond, même épuisée, en était bien d'accord...

Margot nous écoute. Lorsque sa maman, très émue, parle de sa tristesse de n'avoir pu s'occuper de son bébé, Margot se lève et vient se blottir contre elle.

Un professionnel à l'écoute

Dans une consultation pour un trouble du sommeil, le psychologue n'est pas là pour donner une interprétation sauvage des symptômes, mais pour recueillir une souffrance et pour accompagner les parents dans une prise de distance. Celle-ci amènera naturellement des changements. Au cours de la consultation, le psychologue observe le comportement de l'enfant et les interactions avec ses parents. Ces observations sont riches d'informations sur le degré d'autonomie affective de l'enfant, élément indispensable à la séparation du soir. Évaluer quel est le niveau de sécurité intérieur de l'enfant est un élément important et l'un des enjeux de la consultation.

Le professionnel cherche aussi à évaluer l'anxiété de la maman, souvent en cause dans un trouble du sommeil de son enfant.

Il est normal que les parents soient appelés à parler de leur propre enfance et du rapport qu'ils ont avec le sommeil. Il est intéressant de connaître aussi l'histoire de la famille et du couple, le déroulement de la grossesse et de l'accouchement, les premiers mois de l'enfant : tout ce qui peut prendre du sens par rapport aux difficultés actuelles. C'est pourquoi le psychologue préférera recevoir l'enfant accompagné de ses deux parents chaque fois que cela est possible.

Comment ce livre peut vous aider

Si votre enfant n'a pas de vrais problèmes de sommeil, mais que vous êtes décidés à faire votre possible pour les éviter, vous avez bien raison. Ce livre vous expliquera comment vous y prendre.

Si vous êtes déjà excédés, épuisés, sachez que vous n'êtes pas tout seuls. Vous n'êtes pas plus coupables des difficultés de sommeil de votre enfant que du fait que vous ne les supportiez plus. Même si votre médecin a « rejeté » votre plainte en vous affirmant qu'il est normal qu'un bébé pleure la nuit et qu'il n'y a rien d'autre à faire qu'à prendre son mal en patience. La privation de sommeil a des effets dévastateurs : passé les trois premiers mois de la vie de l'enfant, elle n'est pas un « passage obligé » de la parentalité. Là encore, les explications de ce livre vous aideront.

Les troubles du sommeil de l'enfant sont de deux types majeurs :

• l'enfant qui ne veut pas aller se coucher et ne peut s'endormir qu'en étant accompagné, nourri ou bercé ;

• l'enfant qui se réveille une ou plusieurs fois la nuit et qui ne peut se rendormir sans une intervention de l'adulte (souvent le même enfant).

Dans les deux cas, ce livre peut vous être d'une aide précieuse, en démontant les mécanismes à l'origine de ces comportements et en vous aidant à les résoudre. Mais à plusieurs conditions :

— que le médecin ait confirmé qu'aucune raison médicale ne justifie le comportement de l'enfant ;

— que votre conjoint et vous-même (voire vos enfants aînés) soyez d'accord sur le fait que cela ne peut plus durer comme cela ;

— que vous soyez tous d'accord pour adopter une attitude commune et cohérente ;

— que vous soyez motivés et réellement prêts à aider votre bébé à développer des bonnes habitudes de sommeil. Il est fréquent que cela entraîne de sa part une protestation : il va probablement pleurer. C'est alors qu'il faudra lui faire confiance : vous devrez lui expliquer qu'il peut tout à fait apprendre à se passer de vous pour s'endormir.

Ce livre va vous apporter des explications, des exemples et des conseils. Prenez-les comme des suggestions. En aucun cas, il ne peut se substituer à votre instinct parental ou à votre ressenti personnel. Chaque enfant est différent. Chaque famille a ses habitudes. Au-delà de quelques règles de bon sens, il n'y a pas une façon de faire qui fonctionne pour tous. À partir des pistes indiquées, c'est à chacun de réfléchir à ce que l'enfant exprime par son comportement. Laissez-vous guider par ce qui vous paraîtra juste. C'est vous, parents, qui êtes aux commandes.

Le sommeil de l'enfant

Le sommeil de l'enfant ne s'organise pas d'emblée comme celui de l'adulte. Il a ses spécificités, pas seulement en quantité mais aussi en qualité. Il est important de les connaître pour s'appuyer sur les processus physiologiques plutôt que de les contrarier. C'est au fil des mois et des années, jusqu'à la fin de l'adolescence, que le sommeil de l'enfant évolue pour devenir semblable au nôtre.

Le sommeil a pour l'enfant une signification psychologique particulière. C'est le moment où l'on doit se séparer de ceux que l'on aime pour affronter seul les inquiétudes de la nuit. En tenir compte, c'est soigner aussi les conditions d'environnement qui permettent à l'enfant de se sentir en sécurité dans son berceau ou dans son petit lit.

Quelques notions sur le sommeil

Le sommeil, surtout celui des enfants, demeure un mystère. Des techniques scientifiques sophistiquées ont permis, depuis une vingtaine d'années, de faire d'énormes progrès dans nos connaissances, mais ces dernières restent peu de chose en regard de tout ce que nous ignorons. Par exemple, les questions suivantes, pourtant fondamentales, n'ont pas encore reçu de réponses satisfaisantes : « Pourquoi dormons-nous ? À quoi sert le sommeil ? Pourquoi rêvons-nous ? À quoi servent les rêves ? ont-ils un sens ? Pourquoi sommes-nous inégaux devant le sommeil ? Pourquoi certains ont-ils besoin de neuf heures de sommeil pour se sentir en forme, quand d'autres récupèrent de leur journée en cinq heures ? »

Un sujet bien peu abordé

S'il est un objet d'étude important depuis quelques années, le sommeil reste un sujet peu abordé d'une manière générale. Bien que nous passions un tiers de notre vie au lit, ces heures génèrent beaucoup moins d'articles dans la presse magazine, par exemple, que notre alimentation. Le sommeil, au contraire de la diététique, ne fait l'objet d'aucune information systématique dans les écoles ou les collèges. On sait pourtant maintenant combien un bon sommeil est nécessaire à une bonne croissance, à l'équilibre psychologique et à la mémorisation des apprentissages. Pas de leçons bien retenues et utilisables le lendemain sans une bonne nuit de sommeil ! De même, les familles n'ont aucune information sur les rythmes qui scandent nos existences et l'Éducation nationale, informée, n'en tient pas compte.

Tant que l'on dort bien, il nous plaît généralement de considérer le sommeil comme une plage de temps silencieuse, où tout s'arrête. Le corps et l'esprit se mettent en repos et nous reprenons des forces en vue du jour suivant.

Le sommeil commence à nous intéresser vraiment lorsqu'il pose un problème : insomnie, sommeil trop léger ou non réparateur, rêves angoissants, réveils au milieu de la nuit, décalage horaire, travail de nuit difficile à gérer, etc.

Il apparaît alors rapidement que le sommeil est un phénomène actif, traversé de phases successives. Dormir, c'est cesser d'avoir l'attention prise par l'extérieur, par ce que nous renvoient nos sens en permanence, pour nous tourner vers l'intérieur. Le seul fait de nous allonger dans une pièce séparée et de fermer les yeux nous coupe déjà du dehors. « S'abandonner » tranquillement au sommeil suppose que l'on se sente en confiance avec le monde intérieur que l'on rejoint alors.

Le sommeil de l'adulte

Brièvement décrit, il nous servira de référence pour décrire ce que le sommeil des enfants a de particulier.

Chacun son sommeil

Nous sommes très inégaux devant le sommeil et chaque dormeur a ses propres caractéristiques. Celles-ci sont probablement en grande partie déterminées de manière héréditaire, la partie restante venant de notre adaptation à notre milieu. Le sommeil évolue tout au long de l'enfance, puis acquiert des caractéristiques qui resteront relativement fiables au long de l'existence.

Il n'y a pas de sommeil « normal ». Vous avez un bon sommeil s'il vous convient. Si vous vous couchez sans inquiétude particulière. Si vous vous réveillez le matin reposé, avec la sensation d'avoir bien dormi et avec l'énergie nécessaire pour la journée. Que vous ayez dormi sept ou dix heures, que vous vous soyez endormi avec les poules ou réveillé avec le rossignol, cela importe peu. Il n'y a pas de règles : il y a des besoins et des habitudes propres à chacun, qu'il est difficile de modifier une fois installés.

Les cycles de sommeil

Le temps d'endormissement est variable. Si nous menons une vie plutôt régulière, l'heure où survient le besoin de sommeil est stable. Ce moment est aisément repérable : sensation de fatigue, bâillements, les yeux se mettent à piquer, etc. Si nous sommes prêts à dormir au moment de ces signaux, pas trop envahis par les soucis, le sommeil survient en une dizaine de minutes. Nous entamons le premier cycle de sommeil de la nuit.

Notre sommeil n'est pas un long tunnel sombre. Il est organisé en cycles qui se succèdent tout au long de la nuit. Comprise entre quatre-vingt-dix et cent-vingt minutes, la durée d'un cycle est propre à chacun d'entre nous. Elle est une donnée de notre organisme, stable le long de la nuit et de notre existence.

Selon les nuits et selon notre besoin de sommeil, nous enchaînons, au cours d'une même nuit, entre quatre et six cycles. À la fin de chaque cycle, nous traversons une phase très proche de l'éveil. Le « bon dormeur » ne s'en rend pas compte. Si sa nuit n'est pas finie, il enchaîne rapidement sur le cycle suivant et « replonge » pour une heure et demie. Ces moments de « presque éveil » ne durent que quelques minutes et ils s'allongent au fil de la nuit Si nous entamons un nouveau cycle, nous ne garderons aucun souvenir de cet éveil. Mais c'est un moment délicat où l'éveil véritable est facile. La moindre perturbation suffit à tirer le dormeur de son sommeil : que ce soit un bruit extérieur ou une préoccupation intérieure. Un éveil à ce moment-là peut se prolonger pendant toute la durée d'un cycle : il est alors impossible de se rendormir avant le début du cycle suivant.

L'éveil spontané a généralement lieu à la fin d'un cycle : on se sent en forme, de bonne humeur, vite prêt à se mettre en route pour sa journée. Un réveil qui sonne ou un enfant qui pleure au milieu de la nuit ont de grandes chances de nous surprendre au cours d'un cycle : sortir de son sommeil et se sentir disponible est alors beaucoup plus difficile.

Sommeil lent, sommeil paradoxal

À l'intérieur d'un cycle de sommeil, nous passons par des stades successifs de sommeil lent et de sommeil paradoxal.

Passé les premiers mois de la vie, nous nous endormons en sommeil lent. Celui-ci est décomposé en quatre stades, de plus en plus profonds, que nous traversons quand nous nous enfonçons dans le sommeil :

• Stade 1 : le sommeil très léger, qui correspond à la phase d'endormissement ou de préréveil.

• Stade 2 : le sommeil léger, où il existe encore une activité mentale et où nous pouvons être réveillés assez facilement.

• Stades 3 et 4 : le sommeil profond et très profond. Nous sommes immobiles, le visage est inexpressif, les yeux fixes, le pouls lent et régulier.

Le sommeil lent occupe environ les trois quarts de nos nuits. Il a une fonction de récupération de la fatigue accumulée. Si nous avons manqué de sommeil ou que nous avons produit un gros effort physique, nous allons augmenter la durée du sommeil lent.

Avec l'âge, la quantité de sommeil profond diminue au profit d'un sommeil plus léger qui peut laisser à la personne l'impression d'avoir mal dormi.

Le sommeil paradoxal est le sommeil du rêve. Il succède au sommeil profond et très profond, en fin de cycle : ce qui explique pourquoi nous avons tendance à mieux nous souvenir de nos rêves si nous nous réveillons spontanément plutôt que si le réveil s'en charge. Son nom lui a été donné par le professeur Michel Jouvet, grand spécialiste du sommeil, en raison de l'aspect paradoxal de ce stade de sommeil. Physiquement, la personne est complètement détendue, comme paralysée, et parfaitement endormie. Mais sa respiration et son pouls sont rapides et on constate, sous les paupières closes, des mouvements des yeux. Des enregistrements du fonctionnement du cerveau montrent que l'activité mentale, à ce stade, est intense. Les ondes sont proches de celles observées pendant l'éveil.

Le sommeil paradoxal occupe environ un quart de notre temps de sommeil. La personne rêve. Éveillée pendant ce stade, elle peut raconter son rêve. Même si personne n'est encore capable de dire si les rêves ont une signification, on sait qu'ils ont une utilité. Ils permettent :

— de mettre en ordre l'activité mentale et psychique de la journée ;

— de « ranger » ce qui a été vécu et de le mémoriser ;

— d'imaginer les choses comme on aurait aimé qu'elles soient.

Les rêves sont absolument indispensables au bon fonctionnement de notre mémoire, de notre intelligence et de nos émotions. « Dormir et rêver, c'est préparer demain en ayant compris et accepté hier... »[1]

La quantité de sommeil lent et de sommeil paradoxal n'est pas la même en début et en fin de nuit : elle varie d'un cycle à l'autre. En début de nuit, le sommeil lent est plus profond et dure plus longtemps. La phase de rêve, elle, s'allonge de cycle en cycle. Si bien que plus on dort longtemps, plus on rêve.

Le sommeil des parents

Le sommeil permet donc la récupération physique et l'élaboration psychologique. Des parents qui ont pris la décision de concevoir un bébé savent bien que cela va entraîner des bouleversements dans leur existence. La grossesse et l'arrivée d'un enfant sont des moments de changements et de questionnements intenses, pour le père comme pour la mère. On peut légitimement penser que, pour bien vivre ce moment et avec ces nouvelles émotions, les nouveaux parents ont besoin de temps de récupération, donc de sommeil, importants.

Or, la naissance survient, et bébé va se charger de hacher leurs nuits. S'il a faim, il ne se demande pas si maman est en sommeil profond, dont elle va devoir s'arracher péniblement pour venir le nourrir dans un demi-brouillard. Il ne s'interroge pas sur le rêve où est plongé papa, dont ses cris vont le déloger brusquement.

---

1. Jacques Revel, neurophysiologiste, « Rythmes de vie et développement harmonieux de l'enfant » : conférence tenue à Paris en novembre 2000.

Ces heures de sommeil nécessaires au bon fonctionnement émotionnel, les parents ne les auront pas. Au moment où ils en auraient le plus besoin : pour se faire à leur nouveau rôle ; pour se montrer disponibles à leur tout-petit ; pour se mettre à son écoute et percevoir ses propres rythmes de sommeil et d'éveil.

Les parents composent. La mère se met à la disposition de son bébé et adapte son rythme au sien. Le père soutient et participe autant qu'il le peut. Mais la fatigue s'installe et le temps de récupération manque.

Pendant quelques mois, chacun sait qu'il est normal que bébé « ne fasse pas ses nuits ». Mais si les parents ne retrouvent pas une possibilité de dormir « normalement », leurs capacités parentales peuvent en être affectées. Pour pouvoir faire face calmement et efficacement aux troubles du sommeil de son enfant, il vaut mieux soi-même ne pas trop en manquer.

Le sommeil de l'enfant

Comme celles de chaque adulte, les caractéristiques de sommeil de chaque enfant sont uniques. La durée « moyenne » de sommeil n'est qu'une approximation : chez les enfants aussi, il y a des gros et des petits dormeurs, ceux qui veillent volontiers tard le soir et ceux qui se réveillent à l'aube.

Durant les premiers mois de la vie, les rythmes de sommeil du bébé sont déterminés en grande partie biologiquement et dépendent de son développement. S'il se réveille à quatre heures du matin, les parents ne peuvent rien y faire, et lui non plus.

Nous allons voir en quoi le sommeil de l'enfant diffère de celui de l'adulte.

La quantité de sommeil

Le nouveau-né dort beaucoup, seize ou dix-sept heures sur vingt-quatre environ. Cela n'est qu'une moyenne : certains peuvent se contenter de douze heures quand d'autres dormiront pendant vingt heures. N'ayez aucune crainte : le bébé prend tout le temps de sommeil qui lui est nécessaire. S'il est au calme, en bonne santé, en sécurité et correctement nourri, le bébé ajuste son temps de sommeil à ses besoins.

Ce temps de sommeil important est indispensable au bon développement du bébé, tant physique, pour sa croissance, que psychique ou intellectuel. Rien que les fonctions de mémorisation du sommeil sont soumises à un rude travail : le bébé a tout à découvrir, tout à apprendre et toute sa mémoire à organiser !

Le nouveau-né dort rarement plus de trois ou quatre heures d'affilée. Ses réveils sont donc nombreux. Ils surviennent aussi bien le jour que la nuit, indifféremment. Ses cycles de sommeil durent en moyenne de cinquante à soixante minutes, soit la moitié de chez l'adulte.

Entre un et six mois, la durée de sommeil de l'enfant diminue progressivement, pour arriver à une quinzaine d'heures réparties en une nuit et trois ou quatre siestes. Puis la quantité de sommeil diminue peu : elle est souvent autour de treize heures à quatre ans. Le nombre de siestes se réduit, celle du début d'après-midi se maintenant plusieurs années.

Une différence entre le jour et la nuit apparaît spontanément vers un mois. C'est alors que les périodes de sommeil de nuit vont se rallonger alors que celles de jour vont diminuer. La nuit, un bébé de trois mois peut dormir huit à neuf heures consécutives, et dix à douze heures à six mois. Le jour, les moments d'éveil calme vont durer plus longtemps, bébé s'intéressant davantage à son environnement.

Le jour où bébé « fait ses nuits » est un grand soulagement pour les parents. Ils ne doivent pas pour autant s'imaginer qu'ils sont « tirés d'affaire ». Les réveils de la seconde moitié de la nuit sont une caractéristique très fréquente chez les petits jusqu'à quatre ans environ. On estime que, de huit à dix-huit mois, une grande majorité des enfants se réveillent ainsi la nuit. La plupart restent calmes dans leur lit, jouent un peu puis se rendorment. Posent problème ceux qui ont besoin de l'adulte pour retrouver leur sommeil.

La qualité du sommeil

Les phases de sommeil du bébé ne sont pas les mêmes que celles de l'adulte.

Le nouveau-né s'endort presque toujours en sommeil agité. Dans cette phase, le bébé bouge beaucoup : mouvements des membres ou des doigts, étirements, bâillements, grognements, expressions du visage. Les yeux bougent et il n'est pas rare que les paupières s'entrouvrent. La respiration et le pouls sont rapides. Pourtant bébé dort. Son tonus musculaire est bas. Ce sommeil est l'équivalent du sommeil paradoxal chez l'adulte. C'est un sommeil assez léger au cours duquel l'enfant peut facilement être réveillé.

Suit une période de sommeil calme. L'enfant est immobile, ses yeux ne bougent pas et sa respiration est plus ample. Ce sommeil est l'équivalent du sommeil lent profond. Bébé dort bien pendant cette phase, qui dure une vingtaine de minutes, et ne se réveille pas.

Au fil des mois, le sommeil agité régresse. Entre trois et six mois, l'enfant ne s'endort plus en sommeil agité mais en sommeil lent, et les phases de son sommeil commencent à ressembler à celles de l'adulte.

Les stades de la vigilance

Le comportement du tout jeune bébé peut se résumer en cinq stades, bien différents de ceux de l'adulte, qu'il est bon de connaître :

• Le stade 1 correspond à un sommeil calme. Le nouveau-né est immobile, son visage est inexpressif et sa respiration est régulière. Ses yeux sont fermés.

• Le stade 2 est celui du sommeil agité. L'enfant bouge, s'étire, grogne ou bâille. Il a des mouvements des yeux et des mimiques du visage. La respiration peut être rapide et bruyante. Ce stade couvre la moitié du temps de sommeil total. Attention à ne pas croire le bébé réveillé et à ne pas le prendre dans ses bras à ce moment : ce qui ne manquerait pas de le perturber.

• Au stade 3, le bébé est réveillé et calme. Les yeux grands ouverts, il est attentif à son environnement et communique. C'est le moment le plus agréable à partager.

• Au stade 4, le bébé est agité. Il s'énerve et n'est plus très attentif.

• Le stade 5 survient si l'on n'a pas trouvé la cause du malaise : bébé pleure.

Le sommeil du bébé s'organise

Le rythme veille/sommeil n'est pas inné. Il s'installe progressivement et spontanément selon deux processus qui se complètent. D'une part, une horloge biologique interne, dépendante du cycle circadien — c'est-à-dire de l'alternance des jours et des nuits sur un rythme de vingt-quatre heures —, détermine une grande partie de notre production hormonale. D'autre part, l'organisation du sommeil est sous l'influence de facteurs d'environnement, appelés « synchronisateurs externes » par les scientifiques.

Autant les mécanismes internes nous échappent, autant les facteurs d'environnement dépendent en grande partie des parents. Ces synchronisateurs sont tous les points de repère de la journée, qui reviennent quotidiennement, les activités régulières sur lesquelles le bébé va calquer son rythme.

Le repère le plus évident est qu'il fait clair pendant le jour. Mais il y a aussi que maman est disponible, elle prépare à manger, il y a un temps de promenade, des temps de jeux : il est donc intéressant d'augmenter son temps d'éveil. La nuit, non seulement il fait sombre, mais les activités sont réduites et les adultes peu disposés à jouer. Mieux vaut en profiter pour dormir.

Grâce à ces repères réguliers, le bébé va s'adapter. Ses rythmes fondamentaux vont évoluer, lui permettant de s'intégrer davantage dans une vie familiale et sociale qui, peu à peu, va prendre du sens.

Comme on fait son lit,
on se couche

Les conditions qui entourent le sommeil sont très importantes. L'endroit où l'on couche l'enfant, la taille du lit, sa place dans la chambre, les éléments de décoration, tout cela peut contribuer à faciliter un bon sommeil. Aussi allons-nous passer en revue les éléments les plus déterminants.

La répartition de l'espace familial

Il n'est pas rare qu'une mauvaise gestion de l'espace familial soit la cause de malaises comme de troubles du sommeil chez l'un ou l'autre des membres de la famille : chambre individuelle peu investie, chambre parentale aux multiples fonctions, etc. Afin que chacun se sente en sécurité, il est souhaitable que les parents aient un espace intime pour abriter leur couple, que le séjour soit le centre convivial de la maison, le lieu des échanges familiaux, et que la (les) chambre(s) des enfants ne soi(en)t pas seulement un dortoir, mais aussi un espace de plaisir et de jeux partagés.

Toutes les familles n'habitent pas un immense logement où chaque enfant dispose d'une chambre à lui et d'une salle de jeux. Heureusement, cela importe peu. Le bonheur à se retrouver « chez soi » ne dépend pas du nombre de mètres carrés, mais de la sensation de confort qui y est associée. Ce qui compte, c'est que l'enfant ait un petit coin à lui, avec ses affaires, dans lequel il se sente bien. Cette sensation de sécurité tient à quelques points importants.

Un coin pour bébé

Même si la disposition des lieux ne permet pas de prévoir une chambre pour le bébé, il est toujours possible de lui attribuer un coin dans la maison, dans la chambre d'un aîné ou dans la chambre des parents. Ce coin peut être délimité par un paravent, un rideau ou une fausse cloison, comme une bibliothèque ouverte. On peut alors y ajouter quelques éléments de décoration « enfant », comme un mobile ou une affiche, qui lui permettront de se sentir « chez lui ».

Le très jeune bébé peut s'endormir n'importe où : il est alors pratique de déposer le couffin dans la pièce où l'on se trouve afin de rester en sa présence. Mais, en grandissant, le bébé a besoin de repères. Il ne se sentira pas en sécurité s'il est couché dans des endroits chaque fois différents. La décoration de sa chambre n'est pas ce qui influence le plus la qualité de son sommeil. Mais votre enfant appréciera, très jeune, de retrouver, chaque fois qu'il se couche, les mêmes décorations et les mêmes objets. C'est pourquoi il est important que le petit lit ait une place, toujours la même.

Ensuite, il appréciera vite de pouvoir choisir les objets ou les éléments de décoration dont il s'entoure. De la même façon, tout enfant devrait pouvoir disposer d'un tiroir ou d'une étagère élevée, hors de portée des puînés, où garder ses trésors.

Pour que l'enfant se sente bien et se couche en sécurité, il convient que sa chambre, ou l'espace dont il dispose, soit pour lui comme un petit nid auquel il est habitué, et qui devient synonyme de confort et de sécurité.

L'aspect pratique

• Vous allez devoir venir la nuit dans la chambre de votre bébé. Pour ne pas trop le déranger, l'éclairage idéal est une lampe dont on peut régler l'intensité lumineuse. Vous la réglerez au minimum s'il s'agit de venir le rassurer (ou vous rassurer), un peu plus quand il s'agira de retrouver la tétine qui aura roulé sous le lit...

• Certains enfants sont très sensibles à la lumière du jour. Si vous ne voulez pas que votre enfant se réveille à six heures du matin les jours d'été — et puisse s'endormir avant la nuit lorsque celle-ci ne tombe qu'à vingt-deux heures —, mieux vaut penser à équiper la pièce de volets ou de rideaux doublés d'une tenture sombre.

• Votre enfant va souvent se trouver seul dans sa chambre. Il faut qu'il y soit en toute sécurité. Vous devez donc être très attentifs, parer tous les risques. Ne placez jamais sous la fenêtre des meubles que l'enfant pourrait un jour escalader pour ouvrir et se pencher. Soyez très vigilants quant au système électrique : pas de rallonge, d'angle vif ; des cache-prise ou des prises de sécurité.

• Un tout-petit est sensible à la température. S'il a trop chaud, il transpire et dort mal. S'il a trop froid, il va vite perdre de sa température intérieure, incapable qu'il est encore de réguler ses fonctions internes. Tenir la température de la pièce à un niveau constant autour de 20 °C lui assurera un bon confort.

Le choix du lit

Pour le nouveau-né, vous avez le choix. Bébé dormira aussi bien dans un couffin, un lit-auto, un landau ou un berceau. Après quelques semaines, le berceau installé dans un coin de la chambre, puis le petit lit sont tout à fait adaptés.

La literie

Quel que soit le type de lit choisi (couffin rigide, berceau, lit à barreaux ou autre), l'idéal est d'y installer un matelas de mousse assez ferme et bien adapté aux dimensions. Recouvrez le matelas d'un drap-housse.

Au niveau de la tête du bébé, installez une couche en tissu carrée. Elle protège la literie et absorbe bien la transpiration. Dans un couffin, pliez la couche en deux et bordez-la. Dans un lit plus grand, accrochez-la aux quatre coins avec des épingles de sûreté. Bannissez l'oreiller, inutile et dangereux, car l'enfant peut y enfouir sa tête et avoir du mal à respirer ; et la plume, qui peut favoriser la survenue d'allergies.

Avec une couette, des draps et des couvertures, le bébé risque de s'entortiller ou, au contraire, de se découvrir. Préférez la turbulette, encore appelée « gigoteuse », « dors-bien » ou « sac de nuit », qui garde bébé au chaud et évite toute literie. Pourtant certains parents, et certains enfants dès qu'ils sont capables de marcher, préfèrent une literie classique. À chacun de choisir ce qui lui convient.

Le lit à barreaux ou le simple matelas

Le lit à barreaux est un grand classique des chambres d'enfant, l'étape traditionnelle entre le berceau et le lit de grand. Souvent la profondeur du lit à barreaux est réglable et un côté des barreaux peut coulisser à volonté, pour prendre bébé plus facilement.

Ce n'est pourtant pas la seule solution. Après expérience, elle ne semble pas être la meilleure pour ce qui est de favoriser le sommeil des enfants. Le fait que l'enfant ne puisse pas sortir de son lit est sans doute une sécurité pour les parents (tant que l'enfant n'est pas capable d'escalader les barreaux — ce qui vient plus vite qu'on ne pense). Mais c'est une gêne pour l'enfant qui ne peut pas se lever librement pour jouer dans sa chambre. Il est clair que les lits à barreaux ont été inventés pour tranquilliser les parents : une fois que bébé est dans son lit, matelas baissé et barreaux relevés, on sait où il est, qu'il ne peut en sortir et qu'il ne fera pas de bêtises. Mais, pour les enfants, ce n'est pas le meilleur choix. Comme les adultes, ils ont besoin que leur lit soit un lieu accueillant et à leur disposition. Dans un lit à barreaux, l'enfant ne peut disposer du lieu de repos selon son désir. Il ne peut aller s'allonger ou se relever à sa convenance. Ce sont les parents qui décident quand il se couche ou se lève : ce qui n'est pas le meilleur moyen de trouver son propre rythme en étant à l'écoute de ses besoins intérieurs.

L'alternative consiste à faire dormir l'enfant près du sol, sur un matelas posé directement sur un sommier à lattes (sans pieds). Comme le bébé aime avoir un espace de sommeil « délimité » (il rampe souvent jusqu'à avoir la tête appuyée contre la paroi du lit et il semble que cela le rassure), on peut fabriquer aisément un encadrement pour le matelas, en collant quatre planches. Leur hauteur — environ deux fois celle du matelas — est juste suffisante pour que l'enfant ne roule pas hors de son matelas en dormant. Un entourage de lit molletonné sert de « bourrelet antichoc ».

Tant que bébé ne rampe pas, il se trouve dans ce lit comme dans tout autre à ses dimensions. La seule différence est qu'il faut se baisser pour l'embrasser. Mais dès que l'enfant rampe, il apprend vite à passer, sans aucun danger, par-dessus l'encadrement en bois. Ainsi, lorsqu'il ne veut pas encore dormir ou qu'il n'est plus fatigué (mais qu'il n'est pas encore l'heure de le lever), il peut, librement, sans avoir besoin de ses parents, sortir de son lit et aller chercher le jouet qui lui plaît.

Si, dans les premiers temps, il est fréquent de retrouver son enfant surpris par le sommeil au milieu de la pièce, celui-ci apprend très vite à regagner son lit lorsqu'il sent le sommeil venir.

Laisser l'enfant évoluer librement dans son « domaine » suppose d'avoir réglé toutes les questions de sécurité et que l'environnement soit parfaitement sûr. À terme, c'est un bon moyen d'éviter les conflits autour du sommeil.

Le tour de lit

Le tour de lit est cette bande de tissu décorative et molletonnée qui entoure le lit à barreaux. Elle permet à l'enfant d'être plus confortablement installé si, pendant son sommeil, il se rapproche des barreaux. Le tour de lit empêche qu'il cogne sa tête ou qu'il glisse bras ou jambe entre les barreaux. Assurez-vous que le tour de lit est bien fixé. Il participe au fait que le bébé se sente en sécurité et puisse se blottir dans un coin de son lit.

Au bout de quelques mois, bébé n'éprouve plus ce besoin de se blottir. Mais il est devenu curieux de tout. Le tour de lit devient l'objet qui l'empêche de voir ce qui se passe dans sa chambre, qui entre ou qui sort. L'enfant est obligé de se lever pour se renseigner. Pour peu qu'il sache se lever en se hissant aux barreaux, mais non se recoucher, le sommeil n'est pas prêt de venir ! Il est temps d'ôter le tour de lit.

Des frères et des sœurs

Il est une idée très répandue, qui dicte l'attitude de nombreux parents dans le choix ou l'aménagement de leur logement : il est mieux que chaque enfant ait sa chambre, quitte à ce que les parents, eux, dorment dans le salon. Mais est-il si sûr que cette solution soit la meilleure pour l'épanouissement de chacun ? La réponse dépend de nombreux facteurs.

Si l'écart d'âge est important, en admettant que l'habitation le permette, c'est souvent un bon choix d'attribuer une chambre à chaque enfant. Les centres d'intérêt sont tellement différents qu'ils rendent forcément la cohabitation difficile, mais pas impossible. Elle demande à l'aîné de la patience et au petit d'apprendre le respect de ce qui ne lui appartient pas.

Partager la même chambre

Cela présente de nombreux avantages, d'autant plus quand les enfants sont de même sexe et d'âges proches.

• **Cela aide à lutter contre les démons de la nuit.** Tous les petits enfants, entre deux et dix ans environ, ont peur de l'obscurité. Être deux (ou trois), c'est être deux fois plus forts pour chasser tous les monstres cachés sous le lit et les voleurs embusqués dans les placards !

• **Cela apprend à négocier et à partager.** Partager sa clambre, même si elle est grande, cela oblige à faire de la place à l'autre. Avec le temps, on devient vite solidaires et complices. Les bêtises se font à deux, les bonnes surprises aussi.

• **Cela impose à chacun l'apprentissage du respect.** Vivre à deux dans un petit espace, c'est devoir apprendre, parfois rudement, à respecter l'autre, ses affaires personnelles, ses secrets, son rythme, ses petites habitudes. C'est apprendre, aussi, à se faire respecter.

Se sentir bien dans sa chambre

C'est finalement l'essentiel. Jusqu'à ce que l'aîné entre au collège ou devienne adolescent, les enfants sont souvent heureux d'être dans la même chambre, pourvu que chacun ait son coin à lui (bureau, étagère ou tiroir) inaccessible aux autres (par respect ou par clé). On peut aussi diviser la chambre par une cloison symbolique (étagère, store coulissant) ou en installant une mezzanine.

Mais pourquoi séparer des enfants qui préfèrent rester ensemble dans la chaleur, même conflictuelle, de la fraternité ? Avant onze ou douze ans, ils ne sont pas demandeurs de solitude, mais de vitalité.

Vous avez autant de chambres que d'enfants ? Transformez-en une en salle de jeux !

Questions de parents

L'emplacement du lit

« Nous sommes en train de préparer la chambre où dormira notre bébé. Nous avons choisi son lit, mais nous hésitons sur l'endroit où le placer. Où se sentira-t-il le mieux pour dormir ? »

La meilleure place pour le lit de votre bébé est certainement dans un coin de la chambre, sinon contre un mur. Le petit enfant aime à se sentir blotti : dormir au milieu de la pièce ne conviendrait pas. Contre le mur ou dans un coin entre deux murs, il se sent plus en sécurité. Sur le mur, au-dessus de son lit, vous pouvez accrocher une affiche agréable qu'il reconnaîtra vite.

Votre bébé appréciera rapidement d'avoir une vue d'ensemble de la pièce, notamment de la porte. Le besoin de contrôler son environnement passe par le fait de voir qui entre dans sa chambre. Ce sera surtout important lorsqu'il devra affronter les premières peurs de l'obscurité.

Pour des raisons de confort et de sécurité, évitez de placer le lit sous une fenêtre ou trop près du radiateur.

La place des peluches dans le berceau

« Depuis sa naissance, Adrien a reçu une grande quantité de cadeaux, notamment de multiples peluches. Je me demande s'il est bon de les laisser dans son lit pendant qu'il dort. »

Il n'est pas utile de laisser un grand nombre de peluches dans le lit d'un tout petit bébé. Une poupée de chiffon toute douce et lavable, un portique ou un mobile suspendu au-dessus du lit, cela suffit amplement à satisfaire sa curiosité pendant les moments où il ne dort pas.

Quand Adrien aura grandi, vous pourrez choisir la ou les peluches qui accompagneront son sommeil chaque soir : cela peut faire partie d'un petit rituel. Un autre choix consiste à mettre toujours le même jouet pour que l'enfant s'y attache particulièrement et soit rassuré par sa présence. Vers huit ou neuf mois, la question se posera autrement : c'est votre enfant qui choisira. Il aura développé des attachements particuliers avec certains de ses jouets et vous saurez très bien lesquels glisser dans le petit lit.

Quant aux autres peluches, on les couche, on leur dit « bonne nuit », on les retrouve le lendemain. Cependant, à une période où votre bébé se réveille tôt et où vous souhaitez le faire patienter un peu avant de le lever, il peut être intéressant de glisser dans son lit, après qu'il s'est endormi, quelques peluches ou jouets différents qui occuperont sa curiosité quelque temps.

Le bébé qui escalade les barreaux de son lit

« Thomas n'a que dix-huit mois, mais, comme il est grand pour son âge, il est déjà presque capable d'escalader les barreaux de son lit. Que faire ? »

Le risque n'est pas tant la liberté que Thomas pourrait se donner en sortant de son lit, que le choc sur la tête qu'il pourrait se faire en tombant. Le danger est réel. Vous devez donc prendre les devants : les enfants sont toujours plus rapides qu'on ne l'imagine ! La première chose à faire est de régler le sommier afin qu'il soit le plus bas possible, et les barreaux bloqués en position haute. Ne laissez rien dans son lit qui puisse permettre à Thomas de se hisser davantage. Mais cette solution n'a qu'un temps. Vous devrez bientôt mettre un rembourrage par terre à côté du lit au cas où il passerait par-dessus.

L'autre solution, plus radicale, consiste à enlever les barreaux, et le lit par la même occasion. Vous pouvez soit le remplacer par un lit « de grand », mais il est encore un peu tôt pour cela — Thomas risquerait de s'y sentir perdu — soit adopter la méthode du matelas posé sur le sol. Quitte à pouvoir sortir de son lit, autant ne pas se faire de mal !

Les enfants dans la même chambre

« Nous avons la chance d'avoir une grande maison : ce qui permet à chacun de nos trois enfants d'avoir leur propre chambre. Mais souvent, le matin, nous retrouvons le petit de deux ans dans la chambre de sa sœur aînée, quand ce n'est pas dans son lit. On dirait qu'ils ne profitent pas de leur chance. »

Vous faites sans doute partie de ces parents qui, dans leur enfance, auraient rêvé d'avoir une chambre à eux. C'est souvent une des causes du choix de l'aménagement de la maison. Lorsque vous étiez enfant, vous avez dû partager votre espace avec vos frères et sœurs et en garder quelques souvenirs amers. Alors vous voulez offrir à vos enfants ce que vous n'avez pas eu, mais dont vous avez rêvé : une chambre à soi, sans vous demander si ce rêve est aussi celui de vos enfants.

Il est tout à fait normal qu'à leur âge vos enfants trouvent plus amusant et plus rassurant de dormir ensemble plutôt que chacun dans une pièce différente. Ne vous inquiétez pas : en grandissant, l'envie d'avoir chacun leur espace deviendra essentielle et ils sauront alors savourer la chance qu'ils ont.

Le bébé qui réveille un aîné

« Notre petite Érica a maintenant trois mois. Elle "fait ses nuits" la plupart du temps, mais il lui arrive encore de se réveiller au cours de la nuit ou bien très tôt le matin. Jusqu'ici elle dormait avec nous. Nous hésitons à la faire dormir dans la chambre de sa sœur de trois ans, Estelle, de crainte qu'elle ne la réveille par ses cris. »

Si Érica commence à bien dormir et si vous vous sentez en confiance, vous pouvez tout à fait l'installer dans la chambre d'enfants. Il se peut qu'Estelle soit dérangée dans son sommeil pendant quelques jours, mais très vite elle s'habituera à entendre le bébé et ne se réveillera plus. C'est en tout cas ce qui se passe pour la plupart des aînés. Bien souvent ces derniers préfèrent avoir le bébé avec eux, même si cela suppose d'entendre ses pleurs, plutôt que de le savoir dans la chambre de papa et maman : ce qui est considéré comme un énorme privilège. Quand les enfants se sentent à égalité, la jalousie s'atténue. Estelle ne sera pas toute seule dans la chambre, elle sera avec sa sœur : ce qu'elle peut aussi apprécier.

Les conditions d'un bon sommeil

Se retirer pour la nuit et s'isoler de ceux que l'on aime est une épreuve. Comme toute épreuve, elle demande certaines conditions pour être réussie. Mais alors, le gain en confiance en soi est immense.

Se sentir aimé pour pouvoir se séparer

La mise au lit, c'est d'abord une question de séparation. Mais cette séparation est différente de celle qui intervient le matin, lorsque bébé est déposé à la crèche ou chez une assistante maternelle. Il s'agit là d'accepter de se séparer de maman, alors qu'on sait très bien qu'elle est à côté, à portée de voix, à portée de pieds. Elle est là, occupée par papa, par les frères et sœurs, par la télévision...

Se construire une identité

Comment un bébé de quelques mois pourrait-il alors comprendre que sa maman ne soit pas auprès de lui ? Le petit enfant est égocentrique. Il se pense volontiers le centre du monde, unique objet véritable des joies et des humeurs maternelles. D'ailleurs, quand il était tout petit, il suffisait qu'il appelle pour qu'elle le rejoigne. Elle restait toujours à ses côtés, disponible et souriante. Lui ne demande qu'une chose : que cela continue, passer tout son temps dans les bras ou aux côtés de maman (ou de celui ou celle qui en tient lieu). Comment comprendre qu'elle s'y refuse désormais ? Si elle l'aime tant, si elle est aussi comblée qu'elle le dit par sa venue au monde, s'il est vraiment « son petit trésor », « son petit amour », pourquoi donc le laisse-t-elle seul dans son lit, pour aller s'occuper d'autres choses ?

Dans les premières semaines, les premiers mois, la maman est toute disponible pour son enfant. Puis elle recommence à vivre pour elle. Elle devient plus autonome et elle lui fait confiance pour en faire autant. Ce temps de nécessaire frustration est délicat pour le bébé. Amené progressivement, avec tout l'amour indispensable, il va lui permettre de sortir de sa bulle et de s'ouvrir au monde.

Il faut du temps au bébé pour se constituer en tant qu'individu, différent de sa mère. Ce même temps lui est nécessaire pour percevoir sa mère comme une personne unique et différente, disponible pour lui, mais qui a aussi d'autres centres d'amour et d'intérêt. Comme si bébé se disait : « Si maman m'aime, si elle et son amour durent, si je peux lui faire confiance sur ce point, alors je peux supporter de me séparer d'elle quelque temps : nous nous retrouverons. »

Se sentir aimé

Pour se séparer, il faut se sentir aimé et pouvoir garder cette sensation d'amour en soi pendant toute la durée de la séparation. Les psychologues parlent de l'image de la « bonne mère », celle qui câline et console, que l'enfant aurait intériorisée. « Si maman est au-dedans de moi, dans mon cœur, j'ai moins besoin qu'elle soit sans cesse auprès de moi. »

Qu'est-ce qui fait qu'un enfant se sent aimé ? La question est délicate. Il nous semble évident, en tant que parents, que nous aimons nos enfants, au-delà de tout, et qu'ils doivent bien s'en rendre compte. Sans aucun doute. Mais entre l'amour que nous ressentons et celui que l'enfant reçoit, il peut y avoir une différence. Un enfant gâté, par exemple, couvert de cadeaux, ne se sent pas forcément aimé, alors que ces dons sont pour ses parents des messages d'amour.

On peut repérer trois critères auxquels l'enfant est particulièrement sensible :

• Dans les premières semaines de sa vie, l'enfant est sensible au fait que l'on comprenne ses besoins et qu'on les satisfasse. Bien sûr, il n'y a pas de parents parfaits, et il est fréquent que l'on ne puisse pas interpréter la raison des pleurs d'un bébé ni même le soulager. Mais on peut être là, compréhensifs et de bonne volonté. Dans les mois et les années qui suivent, même si l'exigence est moindre, ce besoin d'être entendu et compris reste important. Tous les besoins de base doivent être respectés. Il n'est pas question de satisfaire tous les désirs de l'enfant mais d'être à leur écoute.

• Pour se sentir aimé, l'enfant a besoin d'attention. Pour lui, attention et amour sont presque synonymes, plus que tendresse et amour. La tendresse est indispensable et la plupart des petits adorent les câlins. Mais certains sont très actifs et ne cherchent pas à passer trop de temps dans les bras, alors que tous, systématiquement, ont besoin de l'attention et du soutien actif de leurs parents.

• Les enfants mettent la barre très haut. Ils ne croient vraiment à l'amour qu'ils reçoivent que s'ils le sentent inconditionnel. Cela signifie « être aimé sans conditions, juste parce que je suis celui ou celle que je suis ». « Non pas aimé parce que je suis plus en avance que les copains et que j'ai été propre à dix-huit mois. Pas aimé parce que je suis gentil et que je fais ce qu'on me dit de faire. Pas aimé parce que je fais des sourires et des bisous. Mais aimé bien que je refuse la soupe et que je jette l'assiette par terre. Aimé même si je donne un coup de pied à ma sœur. Aimé même s'il faut m'appeler cent fois avant que je vienne mettre mon pyjama... »

Se sentir en sécurité pour pouvoir rester seul

Le sentiment de sécurité intérieure, la sécurité de base propre à chacun, est fondamental. C'est à la fois ce qui permet de supporter la solitude, pour jouer comme pour dormir, et ce qui donne confiance en soi. Avec une bonne sécurité en lui, l'enfant sait qu'il est capable de faire face aux difficultés qu'il rencontrera :

par exemple, pour faire fuir les monstres qui jaillissent parfois au plus sombre de la nuit.

Beaucoup de facteurs entrent en jeu dans la constitution de cette sécurité intérieure qu'il serait trop complexe de rapporter. J'en ai sélectionné trois.

Instaurer des règles et poser des limites

Pour se sentir en sécurité, l'enfant a besoin que ses parents instaurent progressivement des règles. Même si, superficiellement, ces règles sont désagréables et frustrantes, elles sont profondément rassurantes. Un petit enfant se rêve tout-puissant, il aime jouer au chef. Mais il sait bien, au fond de lui, qu'il est tout petit dans un monde de grands. Il sait qu'il ne peut décider véritablement de rien puisqu'il ne connaît rien. Ses « Je sais » ne sont que d'apparence. Il sent bien qu'il a besoin d'être guidé, qu'on lui dise ce qui est bien et ce qui mal, et que ses parents sont là pour ça.

Les règles ont aussi pour finalité de définir des limites à ne pas dépasser. C'est ce qui permet à l'enfant de ne pas mettre ses exigences en termes d'absolu. Aux parents de limiter ses désirs, ses demandes et ses débordements. Ils sont garants de l'équilibre de sa vie. Eux ont de l'expérience : ils savent que deux tours de manège, trois bonbons et quatre rappels à l'ordre, c'est suffisant. Après, on dit « stop ».

Marina a été adoptée par ses parents quand elle avait deux ans. Ceux-ci sont allés la chercher dans un orphelinat roumain et ne savent seulement de son histoire que Marina a été abandonnée par sa maman alors qu'elle avait dix mois. L'orphelinat était propre et clair, mais les enfants étaient désœuvrés et presque dépourvus de jouets. Quand je rencontre Marina, elle a trois ans. Elle est gardée à la crèche, où l'adaptation a été plutôt bonne, passé les premières semaines un peu délicates où Marina ne parlait pas un mot de français. Mais son habitude de la collectivité a fait qu'elle a vite assimilé les règles de fonctionnement, elle a pu évoluer librement, en prenant modèle sur ses camarades de jeu. Même si elle n'est pas une enfant facile, elle arrive à suivre les activités du groupe sans le perturber. À la maison, c'est autre chose, les enjeux sont diférents. Marina est infernale. Non seulement elle n'obéit pas, mais elle se bute rapidement en cas de conflit et peut rester mutique, fermée dans son monde, de longues heures. Les repas n'en finissent pas et Marina demande à être encore nourrie comme un bébé. La nourriture doit être hachée et la maman tenir la cuiller, sinon Marina ne mange pas (alors qu'elle le fait à la crèche depuis déjà plusieurs mois). Elle ne vient pas quand ses parents l'appellent, alors qu'elle entend tout à fait bien. S'ils la contrarient, elle lève la main sur eux, ou bien se mord le bras. Les caprices du soir n'en finissent plus. Son père et sa mère alternent leur présence auprès d'elle et souvent s'endorment avant elle sur le tapis de la chambre.

Si l'un des parents fait preuve d'autorité, le père le plus souvent, et s'irrite des caprices de sa fille, l'autre vient vite prendre le relais, comme s'il s'agissait de protéger Marina. Tous deux sentent que l'histoire ne ressemble pas à ce qu'ils avaient rêvé, mais il leur est impossible d'en parler. À Marina, ils ne peuvent pas mettre clairement des limites : au nom de ce qu'elle a vécu, des souffrances qu'elle a traversées, ils se sentent incapables de la frustrer ou de la contrarier. Tous les comportements de la petite sont mis sur le compte de son histoire personnelle. En elle, ils voient le pauvre bébé abandonné de l'orphelinat : ce qui les empêche de développer des compétences normales de parents.

Marina, de son côté, cherche à comprendre inconsciemment ce qui peut faire que des parents abandonnent leur enfant. Elle pousse ses parents à bout, pour trouver la réponse à ces deux questions : « Si je suis infernale, cesserez-vous de m'aimer, me rejetterez-vous ? » et « Il faut que je vous pousse jusqu'où pour que vous m'arrêtiez — ce que tous les parents "biologiques" feraient et qui donc me rassurerait vraiment sur l'amour que vous me portez ? »

Après quelques entretiens, les parents ont compris en quoi leur attitude envers Marina entretenait indirectement les difficultés. Ils ont pu dire leur déception, malgré tout l'attachement qu'ils avaient pour elle, et la culpabilité qu'ils ressentaient. Ils ont compris l'insécurité dans laquelle Marina se sentait et les questions qu'elle posait, sans les mots pour les dire. Ils ont pu réfléchir sur les changements d'attitude souhaitables. Ils ont mis en place des règles et ils se sont montrés solidaires pour les appliquer. Ils ont pu dire à Marina : « Nous t'aimons, tu es notre petite fille chérie et tu le seras toujours, mais là, tu vas trop loin. Alors stop. »

S'appuyer sur des rituels et des routines

Les rituels et les routines sont tout aussi importants dans la vie de l'enfant. Ils vont lui permettre de donner du sens à ce qui l'entoure.

Pour vous, adultes, il y a de grandes chances pour que le mot *routine* rime avec *ennui, lassitude* et *manque d'imagination*. Qui souhaiterait que ses journées se déroulent de manière immuable, parfaitement prévisible et sans l'ombre d'une nouveauté ? Lire toujours le même livre. Manger tous les jours la même chose. Aucun adulte ne souhaiterait cela. Un jeune enfant, si. Ce goût des habitudes qu'ont les enfants est à la fois une bonne chose pour eux et une aide importante pour leurs parents. Alors pourquoi s'en priver ? L'enfant est profondément sécurisé par la routine.

Les jeunes enfants se sentent tout petits dans un monde qu'ils ne comprennent pas et sur lequel ils n'ont aucun pouvoir. La routine rend ce monde prévisible. « Savoir que maman va venir me chercher à la crèche, que je courrai dans ses bras, que nous passerons acheter le pain, qu'elle me laissera croquer le croûton... cela aide à passer la journée sans trouver le temps trop long. Parce que chaque soir maman, après mon bain, me met mon pyjama puis va à la cuisine préparer le dîner, je commence à organiser ma conscience du temps. Prédire l'étape suivante me donne l'impression d'avoir un pouvoir sur ce qui m'environne. Je me sens en sécurité dans un monde où je ne suis plus perdu, parce que j'ai trouvé des repères et pris des habitudes. »

La routine, c'est-à-dire le fait que les événements se suivent dans l'ordre prévu, que tout se passe comme il s'y attendait et comme il en a l'habitude, rassure l'enfant. Manger des frites tous les dimanches à midi, venir se glisser dans le grand lit dès la sonnerie du réveil, retrouver le petit dauphin bleu dans la baignoire sont autant de joies attendues, mais aussi de points de repère qui balisent le cheminement de l'enfant. Ce dernier se structure psychologiquement autour de ces rituels et gagne en autonomie affective — ce qui lui permet de mieux dormir.

Donner l'image d'un monde stable et bon

Il arrive fréquemment que l'anxiété de l'enfant reflète simplement celle de l'un ou l'autre de ses parents, nous y reviendrons. Mais il arrive aussi que l'enfant ait du mal à se sentir en sécurité pour des raisons plus simples. Quelle image du monde dans lequel ils vivent donnons-nous, nous parents, aux petits enfants ?

Quand les parents rentrent épuisés de leur travail, les jeunes enfants ne comprennent pas pourquoi ils y vont alors, plutôt que de rester au chaud avec eux. Nous ne permettons pas à nos enfants de se sentir en sécurité quand ils nous entendent, à longueur de temps, nous plaindre de la chaleur, de la pluie, de la fatigue, de la politique, des problèmes d'argent, du manque de temps, des enfants qui ne font pas ce qu'on leur demande, etc. Ce qui leur fait du bien, c'est de sentir que nous sommes heureux de vivre et contents de ce monde-là. Même s'il a bien quelques défauts que nous nous efforçons d'améliorer, c'est ce monde qui nous offre les fleurs, les couchers de soleil, les repas en famille, nos merveilleux enfants et toutes les petites joies du quotidien.

Les enfants aiment sentir que le monde est bon, qu'ils y ont leur place et qu'être leur père ou leur mère est une grande joie.

Les enfants ne se sentent pas en sécurité s'ils voient à la télévision un monde de conflits, d'accidents et de guerre. Mais ce qui agit le plus sur eux, c'est ce qui survient dans leur petit monde personnel : l'irritation de papa, la fatigue de maman, les conflits entre eux deux. Dans le monde de l'enfant, il y a papa, il y a maman, il y a la maison, plus éventuellement le frère, la sœur, le chien et le canari. Tout cela forme un univers chaleureux, personnel et protecteur. Lorsque chacun est à sa place et que tout le monde s'entend bien, ça va. Si l'un ou l'autre est absent durablement, si l'un des parents est soucieux, si papa et maman se disputent, le monde se fissure et laisse place à l'inquiétude.

Je ne prétends pas que seuls les couples parfaitement harmonieux ont des enfants qui dorment bien.
J'attire l'attention sur le fait que l'enfant est très sensible à l'ambiance qui l'entoure. Il fonctionne comme
une « éponge émotionnelle ». Le savoir, c'est peut-
être régler ses conflits conjugaux à distance des
enfants ou bien les rassurer sur la permanence du lien.
C'est aussi être mieux préparé à se mettre à l'écoute
de son enfant et à comprendre ce qui peut perturber
son sommeil.

Avoir fait le plein de parents et d'échanges

Pour s'endormir tranquillement, il faut avoir eu le
temps de faire tout ce qui est indispensable à un petit
enfant : voir ses parents, échanger avec eux, jouer et
ne rien faire.

La vie de beaucoup de jeunes parents n'est pas
facile. Travail, trajets, enfants et tâches domestiques se
succèdent à un rythme soutenu et ne leur laissent pas
beaucoup de temps libre ou de loisirs. Les mères,
comme les pères, ont aujourd'hui une vie professionnelle qui les retient de longues heures loin de la maison. Les obligations de travail des parents ne tiennent
pas compte des horaires de la crèche ou du centre de
loisirs, pas plus de l'heure où il serait bon que leur
enfant s'endorme, parce qu'il a eu aussi une longue
journée et qu'il est épuisé. Mais comment accepter de
se coucher alors que papa ou maman ne sont pas ren-
trés, que, parfois, on ne les a pas vus de la journée ?

C'est ce qui arrive à Paul. Son papa part tôt le
matin. Pour laisser Paul dormir au maximum, son

papa ne fait pas de bruit lorsqu'il fait son café ou prend sa douche, et part sur la pointe des pieds. C'est sa maman qui lève Paul. Institutrice, elle a les mêmes horaires que lui. Elle le dépose à la maternelle juste avant de rejoindre sa propre classe. Le soir, elle récupère Paul à quatre heures et demie. Paul joue, prend son bain, puis dîne à sept heures. Après le dîner, il bâille et se frotte les yeux. C'est le moment pour lui de se mettre au lit et de s'endormir facilement. Mais le rituel de la mise au lit dure longtemps. Paul fait traîner, demande une histoire, une autre, luttant manifestement contre le sommeil... jusqu'à ce qu'il entende la clé de papa dans la serrure. Alors il se lève d'un bond, court dans le couloir et saute dans les bras de son père. Ravis tous les deux de se retrouver, ils se lancent dans des cabrioles. Paul est tout à fait réveillé maintenant, même assez excité. Quand papa décide qu'il est temps pour Paul d'aller dormir et pour ses parents de dîner, Paul n'est pas d'accord. D'ailleurs, il ne se sent plus du tout fatigué.

Dans certaines familles, il suffirait de réfléchir à l'organisation de chacun et d'accepter de la revoir pour que les choses s'améliorent et que le sommeil de l'enfant s'en ressente. Un temps de disponibilité pour son enfant, de jeu, de bavardage, de lecture, c'est souvent autant de gagné sur le temps qu'il faudra consacrer, dans le cas contraire, à mettre l'enfant au lit.

L'enfant a besoin de voir ses parents, de faire le plein de leur présence, avant de pouvoir s'en séparer. Mais il a aussi besoin de pouvoir se détendre, ne rien faire, rêvasser. Aux horaires de travail longs de certains parents répond le planning impressionnant de certains enfants. Rentrer de l'école ou de la crèche à dix-huit ou dix-neuf heures ne laisse pas beaucoup de temps pour se détendre, retrouver ses affaires, jouer, ou traîner dans le bain. Avant de s'endormir en paix, il est précieux d'avoir pu se détendre. Tous les adultes le savent. C'est une nécessité pour l'enfant également. Dans ce temps vide d'activités qui lui est accordé, il reprend pied, retrouve ses bases de sécurité, retrouve ses parents et ses jouets. Un sas de tranquillité, à la maison, au milieu de ses affaires, est indispensable à l'enfant gardé toute la journée hors de chez lui.

Ne culpabilisez pas : chacun fait ce qu'il peut. Les parents d'aujourd'hui ont souvent peu de marge de manœuvre. Il s'agit seulement de mieux comprendre les besoins des enfants, dès lors qu'ils sont incapables de les exprimer. Même si tenir compte des besoins de chacun tient parfois du casse-tête, on peut toujours essayer.

Avoir un niveau d'autonomie suffisant

La nuit, pour dormir d'un bon sommeil, il faut être capable de se débrouiller par soi-même, au moins en partie. Pour cela, le bébé doit avoir acquis quelques compétences qui le rendent autonome. Il s'agit d'un processus progressif, d'un but à atteindre. Passer le relais à son enfant afin qu'il sache prendre soin de lui-même, c'est cesser progressivement de le « materner » pour lui appendre à « s'automaterner ».

Cette partie importante de l'éducation est souvent mal comprise. Bien souvent, les parents n'imaginent pas tout ce que leur enfant est capable de faire par lui-même. Ils continuent à faire les choses à sa place, laissant passer le moment où l'enfant aurait appris facilement. Sans doute y a-t-il un vrai plaisir à s'occuper de son tout-petit, à être dans le corps à corps, à sentir qu'on lui est toujours aussi indispensable qu'aux premiers jours... On l'est toujours, bien sûr, mais d'une manière différente, en faisant grandir.

Chaque enfant a un grand potentiel, supérieur à ce que nous imaginons. Ses acquisitions ne sont pas liées à un âge précis : chacun a son rythme particulier de développement. L'essentiel est de regarder l'enfant sous l'éclairage de ce qu'il est capable de faire, et non sous l'angle de ce qu'il ne sait pas encore faire. Si les parents répondent à chaque appel de leur enfant, de jour comme de nuit, ils le confirment implicitement dans l'idée qu'il est trop petit pour se débrouiller et qu'il ne peut pas se passer d'eux.

L'attitude que je décris est le plus souvent celle des mères, puisqu'il s'agit ici de maternage. Les jeunes papas maternent, bien sûr, mais ils le font d'une manière différente. Toutes les études portant sur les différences de comportements entre les parents vis-à-vis de leur enfant se rejoignent sur ces constatations :

— Les mères interviennent plus vite que les pères lorsque l'enfant appelle. Si ce dernier est en difficulté — avec un jouet, par exemple —, les mères se déplacent, alors que les pères interviennent en encourageant de la voix.

— Les pères enjoignent l'enfant à se débrouiller par lui-même, alors que les mères ont tendance à penser que « c'est mieux fait si elles s'en occupent ».

C'est vrai, par exemple, lorsqu'il s'agit d'apprendre à l'enfant à manger ou à se laver seul.

Contrairement à ce que pourraient penser certaines, l'attitude des pères n'est pas le fruit de leur mauvaise volonté à s'occuper des enfants, attendant que la mère ou l'enfant le fasse. Il s'agit d'un comportement essentiel qui pousse l'enfant à l'autonomie et lui donne confiance en lui. « Puisque papa dit que je peux le faire, alors je vais le faire ! » Sans cette impulsion à aller de l'avant, certains petits resteraient au chaud et protégés « dans les jupes de leur mère » bien plus longtemps qu'il n'est nécessaire, aux dépens de leur développement.

Pour bien dormir, sans appeler l'adulte à la rescousse, il faut donc, par ordre chronologique :

— être capable de s'endormir et de se rendormir seul ;

— être capable de retrouver son doudou si on l'a égaré ;

— être capable de jouer un peu seul dans sa chambre si on n'a pas ou plus sommeil ;

— être capable d'aller faire pipi tout seul, même au milieu de la nuit.

Ces compétences sont accessibles à tous les enfants. Encore faut-il :

— qu'on les en croie capables et qu'on leur fasse confiance ;

— qu'on leur apprenne comment s'y prendre ;

— qu'on leur facilite la vie (par une veilleuse ou une lampe à portée de main, au minimum).

Rendre son enfant autonome, en lien avec son âge et ses capacités, ce n'est pas l'abandonner à son sort, mais l'aider à bâtir une bonne estime de lui-même et une vraie confiance en lui.

Questions de parents

L'enfant qui jette son doudou hors du lit

« Notre fils de deux ans, Martin, a trouvé un bon truc pour nous faire relever la nuit : il jette son ours favori, le compagnon de chaque instant, par-dessus les barreaux de son lit. Puis il crie : "Nounours ! Nounours !" Comme nous savons, mon mari et moi, que Martin ne s'endormira pas tant qu'il n'aura pas son ours dans ses bras, nous nous levons à tour de rôle. Souvent, cinq minutes après, le manège recommence. Si nous n'y allons pas, Martin est capable de hurler jusqu'à notre venue. Comment lui faire arrêter ce jeu ? »

Martin vous a piégés, son père et vous, dans un cercle infernal. Dans ce jeu qu'il a initié, c'est lui qui a le pouvoir. Il est le maître et vous êtes ses « esclaves ». Il appelle et vous vous précipitez. Ce n'est bon ni pour vous, ni pour lui, ni pour la suite de vos relations. Or, il n'y a aucune chance pour que le jeu s'arrête de lui-même : Martin trouve un vrai plaisir dans le fait de vous faire marcher. Il a découvert un moyen efficace de recevoir votre visite plusieurs fois dans la nuit : pourquoi y renoncerait-il ? C'est donc à vous de changer les règles du jeu.

L'exemple du lit à barreaux est symptomatique de la difficulté qu'ont les parents à laisser à l'enfant l'initiative de ses actes et un début d'autonomie. L'enfant coincé dans son lit est obligé de faire appel à ses parents s'il a fait tomber sa tétine ou son ours que chacun considère comme indispensables à son sommeil. C'est d'ailleurs un jeu fréquent de l'enfant que celui qui consiste à jeter sa tétine par-dessus bord, sachant que cela fera venir l'adulte, obligé de la lui rendre, et ainsi de suite. Ce qui au départ est une demande légitime (récupérer son doudou tombé par inadvertance) se transforme en cercle vicieux.

La solution dans votre cas, pour ne plus avoir à vous lever, consiste à donner à Martin la possibilité matérielle de récupérer seul son ours : pourquoi pas en l'attachant à l'un des barreaux du lit avec un « collier » (un foulard, par exemple, en faisant attention à la longueur de la « laisse » pour éviter tout risque d'étranglement).

Mais la solution la plus efficace consiste à supprimer les barreaux du lit et à poser sommier et matelas sur le sol. S'il n'y en a pas déjà une, installez une veilleuse dans la chambre afin que Martin puisse se repérer dans la pénombre. Puis prévenez-le qu'à partir de maintenant vous ne vous lèverez plus pour lui rendre son doudou. S'il l'égare, ce sera à lui de le retrouver. À deux ans, votre fils est parfaitement capable de faire face seul aux menus événements de la nuit, comme la perte de son ours, à condition que vous l'en convainquiez. Martin n'a pas besoin de vous, il se sert de vous.

Les matins où la nuit s'est bien déroulée, quand Martin s'est débrouillé seul, n'oubliez pas de le remercier, de le féliciter et de passer avec lui un moment agréable de jeu ou d'échanges.

Les parents qui rentrent tard le soir

« Mon mari et moi travaillons tous les deux dans la restauration : ce qui fait que nous finissons tard le soir. Je suis rarement rentrée avant vingt et une heures. C'est donc une baby-sitter qui va prendre Lia, vingt mois, chez son assistante maternelle et qui la ramène à la maison. Quand je rentre, Lia dort déjà. Dois-je la réveiller pour passer un moment avec elle ? »

Chacun a son organisation, qui dépend de son rythme et de ses contraintes. Vous rentrez trop tard pour passer un moment avec votre fille les soirs où vous travaillez. Soit. Il ne paraît pas souhaitable pour autant de la réveiller dans son premier sommeil, si ce n'est juste pour lui faire un gros baiser et qu'elle se rendorme aussitôt (si Lia se réveille complètement, abstenez-vous : cela ne ferait que perturber ses rythmes de sommeil). Mais vous pouvez certainement compenser le matin en la réveillant vous-même et en prenant tout votre temps ensemble. Couchée tôt, elle peut se réveiller à temps pour passer un long moment avec vous et avec son papa. Déjeuner, bain, histoire : à vous d'inventer le rituel qui vous convient le mieux.

Vous pouvez aussi profiter de vos jours de repos pour passer du temps avec votre fille. Quant au soir, pouvez-vous prendre l'habitude le lui téléphoner à l'heure de sa mise au lit pour lui souhaiter une bonne nuit ? L'important est que Lia sente que ses parents pensent à elle et qu'elle ait un temps d'échange et de partage suffisant.

Avoir une image positive du lit et du sommeil

Quand vous parlez d'aller dormir à certains enfants, que ce soit le soir ou pour la sieste, ils partent en courant. Dormir, c'est du temps perdu, c'est pour les malades et les bébés, c'est une contrainte insupportable, une obligation parfaitement inutile... Comment en serait-il autrement puisque leurs parents les arrêtent dans leurs activités favorites au nom de la nécessité de dormir ? Alors qu'ils ne voient jamais personne d'autre dormir à la maison, et certainement pas les grands qui se couchent plus tard et se lèvent plus tôt qu'eux ? Alors que leur lit est un lieu d'où il leur sera impossible de sortir librement, du moins tant qu'ils dorment dans un lit à barreaux ?

L'attitude d'un tel enfant vis-à-vis du sommeil a bien changé depuis les premières semaines de sa vie, où, bébé, il s'endormait, béat et sourire aux lèvres, repu et calme. Que s'est-il passé, en quelques mois, quelques années, pour que le sommeil soit devenu l'objet d'un refus et d'une lutte sans merci ?

Qui n'a pas vu un petit enfant, visiblement épuisé après une longue journée active, lutter contre le sommeil en s'énervant, courant partout, ou pleurant n'imagine pas à quel point l'idée d'aller au lit peut déplaire à certains. Pour l'enfant, c'est le moment où il va falloir arrêter le jeu ou le dessin animé, quitter ceux que l'on aime (qui eux ne se couchent pas) et se retrouver seul, dans le noir, bloqué dans son lit à un moment où il ne se sent pas forcément fatigué.

Souvent les parents sont, eux, fatigués par leur petit enfant qui court partout en criant et en faisant le fou ou simplement de l'avoir encore dans les jambes à une heure où ils aimeraient bien se détendre. Ce besoin de repos légitime est gravement compromis si l'enfant le ressent comme une manière de se débarrasser de lui. Aimer son lit et aimer dormir ne règle pas tous les problèmes, mais supprime une bonne part de l'opposition quotidienne.

Comment donner à l'enfant une bonne image de son lit

Aller au lit le soir pour dormir ne pose pas de problème si le lit est « un lieu ami ». Pour cela, il faut un lit confortable, sympathique, accueillant et accessible.

Dans la journée, les moments sont fréquents où l'enfant a une baisse de régime. Il se sent un peu fatigué, ou bien il a besoin d'être tranquille. Il cherche un coin tendre pour rêver en paix. Le lit peut être ce lieu où l'enfant se réfugie librement quand il en ressent le besoin, et dont il sort librement lorsqu'il choisit de repartir vers de nouvelles aventures. Un lieu où il est bon d'aller reprendre des forces. Un lit pas trop bordé, où l'enfant peut chahuter, où ses doudous l'attendent en sécurité, ce lit-là est un lieu sympathique, où on ne dort pas forcément, mais où on se sent bien. On peut y emmener un jouet ou deux. Un lit « vivant » dans une chambre pas trop impeccablement rangée. Un espace intime et personnel dans une chambre elle-même protectrice.

Si le lit de l'enfant acquiert ce rôle de protection, de cocon, d'endroit où il fait bon se retrouver, il n'y a pas de doute qu'il le gardera le soir lorsqu'il s'agira d'y dormir. Le lit de l'enfant est à lui, il peut l'envisager comme il l'entend. Ce n'est pas un lieu de punition, de contrainte, où l'on enferme l'enfant qui nous fatigue... de quoi le détester !

Comment donner à l'enfant une bonne image du sommeil

Des parents qui ont un bon rapport avec le sommeil et qui aiment dormir seront forcément plus à même de convaincre leur enfant de la joie qu'il y a à se coucher quand on est bien fatigué. Si pour eux la traversée de la nuit est un voyage merveilleux chaque soir, ils sauront plus facilement attirer l'attention et l'adhésion de leur enfant.

Les parents sont un exemple pour l'enfant. « J'ai fait beaucoup de choses aujourd'hui, je suis fatigué, je vais aller dormir pour être encore en forme demain » ; « Chic, je vais pouvoir aller me coucher de bonne heure » ; « Je me sens bien, j'ai bien dormi » ; « Cette nuit, j'ai fait un rêve formidable »... Prononcées d'un air convaincu, des phrases semblables donnent une bonne image du sommeil. L'enfant comprend qu'aller au lit et dormir est un moment de bonheur.

Les parents peuvent aussi agir dans deux directions :

— Montrer que le sommeil est une obligation biologique. Les grandes personnes dorment, mais aussi le chat (avec un réel bonheur apparent !), le chien, les oiseaux, les fleurs qui se referment le soir, etc. Tout le monde a besoin de ce temps de repos et de repli sur soi. Dormir n'est donc pas la punition des petits. Les parents peuvent, à l'occasion de vacances ou de week-ends, montrer à l'enfant le plaisir qu'ils prennent à faire une sieste après le déjeuner.

— Expliquer à l'enfant le rôle du sommeil. Pendant qu'on dort, le cerveau et le corps sont actifs, même si on ne se rend compte de rien. De l'hormone de croissance est sécrétée et se répand dans le sang. Les expériences et les apprentissages de la journée sont organisés et mémorisés. Si bien que dormir, c'est se donner les moyens de grandir, en taille et en intelligence.

Être face à une attitude simple et cohérente

Finalement, éduquer les enfants au sommeil, c'est assez simple. Comme pour la marche ou la propreté, bien des éléments dépendent de la maturité biologique de l'enfant et vont se mettre en place spontanément, sans nécessiter d'intervention.

Les nouveau-nés n'ont pas de problèmes de sommeil. Si des troubles du sommeil apparaissent, c'est parce que le sommeil devient un enjeu entre l'enfant et ses parents, un prétexte pour dire autre chose.

À ce jeu-là, les parents ne peuvent pas gagner, dans la mesure où ils ne pourront jamais faire dormir leur enfant de force (je laisse volontairement de côté l'utilisation régulière de somnifères).

La simplicité à laquelle je fais allusion est une combinaison de plusieurs éléments, qui se mettent souvent en place spontanément :

— Le respect des besoins du bébé et de ses rythmes personnels, qui peuvent varier de manière importante d'un enfant à l'autre.

— Les compromis à faire avec ce que la réalité de la vie impose : horaires de travail et de crèche, fatigue des parents, respect du sommeil de l'aîné, etc.

— Des demandes justes et équilibrées formulées clairement à l'enfant concernant ses comportements de sommeil. Quelques règles simples régulièrement rappelées et appliquées sont généralement efficaces.

— Une attitude faite d'un mélange de gentillesse attentive et de fermeté lorsqu'elle est nécessaire.

Au cours de ce chapitre, nous avons passé en revue plusieurs points qui contribuent au bon sommeil de l'enfant. Il en reste deux, très importants, que nous allons aborder au chapitre suivant :

— Mettre en place, très tôt, de bonnes habitudes de sommeil, qui « préparent » en quelque sorte l'organisme au sommeil. Elles soutiennent également les demandes parentales lors des phases d'opposition de l'enfant.

— Accompagner l'enfant au lit. Pour se coucher et s'endormir tranquillement, l'enfant a besoin d'être accompagné d'une présence aimante et rassurante, de mots, de tendresse. C'est le rôle, essentiel, des rituels du soir.

L'éducation au sommeil, âge par âge

Trois facteurs ont une influence directe sur la nature du sommeil du jeune enfant :

— son tempérament de dormeur, ses caractéristiques de sommeil, sa personnalité de base ;

— son développement personnel, aussi bien neurologique que social ou affectif ;

— son environnement, le comportement de ses parents et les règles éducatives qu'ils appliquent.

Comme il ne paraît pas souhaitable ni facilement possible d'influencer le développement ou le tempérament de l'enfant, il ne reste qu'à jouer sur son environnement au sens large. Le sommeil dépend d'un équilibre fragile, délicat, à mettre en place et facilement perturbé par un nombre important d'événements. Les parents ne sont pas coupables des difficultés de sommeil de leur enfant. Mais c'est à eux qu'il appartient de définir les conditions pour que tout se passe au mieux.

S'il existe une prévention possible des troubles du sommeil, elle tient au fait d'aider l'enfant à développer de bonnes habitudes de sommeil.

Le docteur William Carrey, de l'université de médecine de Pennsylvanie, affirme : « *Il n'y a probablement pas de meilleure méthode pour résoudre les problèmes de réveils nocturnes qu'un programme d'entraînement à des habitudes de sommeil.* [...] *De plus, un grand nombre d'études comportementales ont montré que la manière dont les parents se comportent avec leurs enfants et organisent leurs vies a un effet déterminant sur la capacité de l'enfant à dormir toute la nuit.* [...] *Les petits enfants réagissent si bien à la routine qu'il est beaucoup plus facile d'instaurer de bonnes habitudes solides plutôt que de se débarrasser des mauvaises. L'enfance est tellement remplie de nouveautés et de changements qu'on peut dire avec certitude que tout enfant, à un moment ou à un autre, connaîtra des nuits perturbées. Mais l'enfant qui a déjà l'habitude de bien dormir sera moins vulnérable aux troubles du sommeil dus à des moments de son développement (par exemple, l'anxiété de séparation, une nouvelle acquisition motrice) ou à des situations (par exemple, une maladie, un déménagement ou la naissance d'un puîné) comme il en arrive dans toute vie d'enfant.* »[1]

Un enfant habitué à bien dormir et qui aime son lit est tout à fait préparé à traverser sereinement les

---

1. Cité dans *Helping Your Child Sleep Trough the Night*, Joanne Cuthbertson and Susie Schevill, Main Street Books, New York, 1985.

épreuves de son enfance, sans répercussions importantes sur son sommeil. Voici maintenant comment s'y prendre, dès les premières semaines de la vie et jusqu'à la fin de la petite enfance, pour mettre en place les conditions d'un bon sommeil.

Le but à atteindre

Avant de commencer à décrire ce que seraient ces habitudes de sommeil et comment les mettre en place, il est bon de se mettre d'accord sur l'objectif à atteindre.

Des comportements différents

Nous avons vu, dans la description du sommeil des petits enfants, l'existence de cycles de sommeil qui se succèdent au cours d'une même nuit. Entre deux stades, il existe un moment de sommeil très léger. Au cours de ces périodes, même si rien ne vient déranger le sommeil de l'enfant, il est fréquent que celui-ci se réveille. Certains enfants replongent immédiatement dans le sommeil. D'autres restent un moment éveillés et calmes. Ils poursuivent leur rêve, jouent avec leurs mains ou leurs pieds, attrapent un ours ou un lapin, puis se rendorment tranquillement. D'autres, enfin, appellent leurs parents et ne peuvent se rendormir, parfois très difficilement, qu'avec leur intervention.

On retrouve le même phénomène au moment de l'endormissement. Certains tombent dans le sommeil avant même la fin de l'histoire. D'autres s'allongent, tranquilles, et gèrent le temps en attendant de s'endormir. Les plus petits peuvent avoir besoin de pleurer un peu, les plus grands de jouer un moment, ou de feuilleter un livre. Ils s'endorment au bon moment, quand le sommeil leur ferme les yeux. Mais il y a des enfants qui ne peuvent s'endormir seuls. Ils ont besoin d'être bercés ou qu'on leur tienne la main ; ils ont besoin d'appeler les adultes jusqu'à ce que ces derniers se fâchent.

On ne peut pas obliger un enfant à dormir

Les seuls enfants, parmi ceux décrits ci-dessus, dont on dira qu'ils présentent des troubles du sommeil sont ceux qui crient et font appel à l'adulte. Ceux qui organisent tranquillement leurs périodes de sommeil et de veille ne posent pas de problème (je laisse volontairement de côté la question des enfants réellement et durablement insomniaques, ainsi que celle des hypersomniaques véritables, qui ne rentrent pas dans le cadre de cet ouvrage : ces situations particulières nécessitent une consultation spécialisée).

Pas plus qu'on ne peut forcer un enfant à manger, sous peine de le rendre malade, on ne peut forcer un enfant à dormir. On peut juste lui assurer une vie équilibrée, où il peut se dépenser tout son soûl, et créer les conditions d'un bon repos. Le reste ne dépend pas des parents.

En d'autres termes, il ne s'agit pas de « faire dormir » un enfant qui le refuse, mais de lui permettre de devenir autonome en ce qui concerne son sommeil. Le but est d'obtenir que l'enfant, une fois accompagné dans sa chambre à une heure raisonnable, une fois la porte de celle-ci refermée, laisse ses parents prendre le repos dont ils ont, eux aussi, grand besoin et partager un temps d'intimité. On ne peut pas obliger un enfant à dormir, mais on peut tout à fait obtenir qu'il reste au calme dans sa chambre quand est arrivée « l'heure des parents ».

Un enfant qui n'est pas fâché avec le sommeil, il y a moyen de lui faire tout à fait confiance : comme pour la nourriture, il prendra ce dont il a besoin, qui peut différer selon les jours, selon les âges, mais qui diffère surtout beaucoup d'un enfant à l'autre.

Ne vous inquiétez pas si votre enfant ne s'endort pas dès que vous le mettez au lit ; inquiétez-vous s'il ne peut pas s'endormir ou se rendormir sans votre intervention et s'il perturbe durablement le reste de la maisonnée.

« *Le jour où j'ai compris que le "combat" que je menais chaque soir pour faire dormir ma fille de deux ans et demi était perdu d'avance, la jeune maman que j'étais a eu l'impression de faire un pas de géant dans l'évitement des conflits. Quand je demandais à ma fille d'aller se coucher, elle me répondait invariablement : "Mais j'ai pas sommeil !", même si je voyais tous les signes de la fatigue dans ses yeux et dans son corps. Un jour, j'ai changé ma phrase. À la même heure, j'ai dit :*

"*Il est l'heure d'aller dans ta chambre.*

— *Mais j'ai pas sommeil !*

— *Je ne te demande pas de dormir si tu n'es pas fatiguée. Je te demande juste d'aller dans ta chambre. Maintenant ce n'est plus l'heure des enfants, c'est l'heure des papas et des mamans. Tu peux prendre un petit livre ou écouter une histoire, si tu préfères. Comme cela, lorsque le sommeil viendra, tu seras prête.*"

Ma fille, n'ayant jamais eu de lit à barreaux mais un simple matelas sur le sol, pouvait à sa guise se lever, jouer et retourner se coucher.

Cette façon de faire a désarmé presque toute résistance. De ce jour, je ne me suis presque plus jamais occupée de l'heure à laquelle ma fille se couchait ou éteignait sa lampe de chevet : je l'ai laissée prendre en charge son sommeil. J'ai été vigilante, mais très peu intervenante.

En fait, durant toute sa petite enfance, elle s'endormait très vite, parfois surprise par le marchand de sable au milieu d'un jeu. Plus tard, ses horaires sont devenus plus irréguliers. Il lui est arrivé certaines fois d'éteindre tard pour pouvoir finir un livre passionnant ou tenue éveillée par quelque souci. Je disais : "Tu ne dors pas encore ?", elle répondait : "Si si, presque..." Il lui est arrivé aussi de gagner son lit à peine rentrée de l'école ou du collège, pour une sieste tardive ou une longue nuit de quinze heures. Elle a toujours pris le sommeil dont elle avait besoin. À dix-huit ans, comme tous les adolescents, elle adore son lit. »

Le bébé de la naissance
à six mois

Ces six premiers mois de la vie de l'enfant sont déterminants pour la suite. Je ne pense pas que « tout » se joue à cette période, comme certains ont cru pouvoir l'affirmer. L'être humain est très flexible et bien des cartes peuvent être rejouées au cours de l'enfance ou de la vie. Mais il est aisément compréhensible que la toute première vision de l'existence se dessine à cette période, sur laquelle il ne sera pas facile de revenir. Le bébé élabore sa compréhension du monde, avec les outils qui sont les siens. Dans le domaine du sommeil comme dans tous les autres, les premiers pas sont importants. Les tout premiers repères se prennent : une impression de bien-être et de sécurité liée au fait de dormir, ou bien le ressenti de l'inquiétude maternelle.

Le bébé humain naît sans être tout à fait « fini ». Il a longtemps besoin d'une aide considérable pour se construire, incapable de subvenir à ses propres besoins, non seulement physiques mais affectifs. C'est l'intervention d'une autre personne, en priorité la mère lorsqu'elle peut jouer ce rôle, qui va « humaniser » l'enfant. Contre le corps de sa mère, le bébé découvre son propre corps. La séparation ne se fait pas d'emblée le jour de la naissance, à la coupure du cordon, mais progressivement, au fil des interactions. L'intimité, le corps à corps, avec la mère ou la personne qui materne l'enfant est ce qui va permettre la séparation. Le bébé puise dans la sécurité du corps maternel le courage de s'éloigner de la mère et de supporter la solitude. C'est parce que la mère reconnaît son enfant comme un être séparé d'elle, avec des désirs et des besoins qui lui sont propres, qu'il va élaborer la conscience de sa propre identité.

Le nouveau-né

Le nouveau-né passe une grande partie de sa journée à dormir, une vingtaine d'heures en moyenne, entre seize et vingt heures à un mois. Les éveils sont fréquents, le plus souvent liés à la faim. Ils durent peu de temps et sont essentiellement des temps de veille agitée, avec peu de veille calme. L'enfant pleure souvent.

Il s'endort en sommeil agité

Concernant le sommeil du nouveau-né, le point essentiel consiste à se rappeler qu'il s'endort d'emblée en sommeil agité : ce qui est l'équivalent du sommeil paradoxal de l'adulte. Le bébé n'a pas de tonus musculaire, mais il paraît, pour un observateur extérieur, très actif. Il bouge les yeux dans leurs orbites, allant parfois jusqu'à soulever les paupières. Il lui arrive de bouger bras et jambes. Il peut produire des petits sons, voire pleurer un peu.

Malgré l'apparence, le bébé est réellement en train de dormir. Il rêve. Son sommeil est léger et pourrait facilement être interrompu par un bruit ou un mouvement. Ce n'est certainement pas le moment d'intervenir, croyant à tort que le bébé a besoin d'aide.

S'il continue à dormir, le bébé va passer en sommeil calme, beaucoup plus paisible d'apparence. Dans une période de trois heures de sommeil, le bébé va enchaîner deux à trois périodes de sommeil agité et autant de sommeil calme. Chaque type de sommeil représente environ 50 % du temps total de sommeil.

Il ne différencie pas le jour et la nuit

En ce qui concerne ses temps de sommeil et ses heures d'éveil, le nouveau-né ne fait aucune différence entre le jour et la nuit. Il a besoin d'être nourri et pris en considération à toute heure. Il n'a aucun contrôle sur son sommeil ni sur ses besoins. C'est épuisant pour les parents, mais cela n'a qu'un temps.

Chacun a entendu parler de nouveau-nés qui « faisaient leurs nuits » à peine sortis de la maternité. Disons que c'est un coup de chance, qui a peut-être à voir avec le déroulement de la grossesse et de l'accouchement, avec le tempérament du bébé, avec les circonstances de sa venue au monde et le savoir-faire des puéricultrices de la maternité, etc. Néanmoins, cela reste rare et ne dépend pas du bon maternage des parents. Il est absolument normal, pendant cette période, que le sommeil du bébé soit quelque peu particulier et erratique.

Même s'il existait une méthode pour faire dormir les bébés toute la nuit dès le premier mois, je ne pense pas que ce serait une bonne idée de l'appliquer. Entraîner le bébé à boire à heures fixes et ignorer ses pleurs le reste du temps ne me semble pas une bonne manière de l'accueillir parmi nous. La tâche des parents pendant ces premières semaines consiste essentiellement à faire connaissance avec leur bébé et à se faire connaître de lui. Ils vont découvrir, sans chercher à rien modifier, à quel moment bébé s'endort, quelle position il préfère, s'il aime être bercé de manière très douce ou plus rythmée, etc. Ils vont apprendre à distinguer ses pleurs et à répondre à ce qu'ils comprennent de ses demandes, sans oublier que cela devient plus facile au fil des semaines, bébé apprenant à mieux communiquer sur ses besoins.

Les difficultés que les parents ressentent sont souvent liées à leur propre fatigue. Ils découvrent les réveils douloureux en pleine phase de sommeil profond et les nuits hachées. En peu de semaines, ils sont épuisés. S'adapter à son bébé, c'est aussi essayer de prendre provisoirement son rythme, c'est-à-dire penser à se reposer dès qu'il se repose.

Il a besoin d'intimité et de sécurité

Le premier mois, ce n'est pas le moment d'éduquer au sommeil, mais d'entourer bébé d'un climat propice à son bon développement. C'est alors tout naturellement que les premiers rythmes quotidiens vont commencer à se dessiner. Pour que ce processus s'élabore harmonieusement, il suffit d'entourer son enfant d'un climat de tendresse, de proximité et de sécurité.

BIEN ACCUEILLIR LE NOUVEAU-NÉ

Le premier point consiste à ne pas oublier d'où vient l'enfant. Il y a seulement quelques jours, il évoluait dans un milieu très doux, où, roulé en boule, il se laissait bercer. Il ne connaissait ni la faim, ni la soif, ni le froid, ni les bruits violents, ni la fatigue, ni la lumière vive. Il n'était jamais seul, toujours bercé.

Il n'est pas question, bien entendu, de reproduire à la maison les conditions de la vie utérine. Je suis même réservée sur ces jouets sonores, à poser à côté du berceau ou dedans, qui reproduisent le bruit du cœur, censé sécuriser le bébé. Il est sorti, sans retour en arrière possible, et il va s'habituer à son nouveau milieu de vie. Mais cela lui sera d'autant plus facile que ses parents adouciront cette rupture. On sait qu'un bébé se sent en paix, la tête posée sur le cœur de papa ou maman. On sait qu'il est indisposé et réagit par des pleurs aux bruits violents ou aux mouvements brusques. Être attentif à son confort, à sa température, ne pas le faire attendre trop lorsqu'il a faim, tout cela fait partie de l'accueil qui lui est dû.

LE BÉBÉ EST UNE « ÉPONGE SENSORIELLE »

S'il ne dispose pas du langage verbal, bébé vient au monde avec la capacité de ressentir. Il est très sensible à l'ambiance, paisible ou tendue, qui l'entoure. Il sait si la personne qui le tient dans ses bras est à l'aise ou anxieuse. Un parent angoissé ou épuisé n'est pas le mieux placé pour endormir un bébé, qui absorbe cette tension. Une des tâches des parents, et non des moindres, consiste donc à s'occuper d'eux-mêmes et de l'ambiance dans laquelle ils vivent.

> « *Lorsque mon fils avait cinq semaines, j'ai reçu la visite d'une ancienne amie qui avait elle-même une fille de dix ans. Elle s'est assise à côté de moi sur le canapé du salon. Clément était sur mes genoux. J'aurais voulu qu'il s'endorme, afin que je puisse bavarder avec mon amie, mais cela semblait impossible. Il avait pourtant bien bu son lait, sa couche était propre, rien ne clochait : s'il avait agi comme dans les livres de puériculture, il se serait endormi béatement dans les bras de sa maman. Au lieu de cela, il a commencé à se plaindre, puis à pleurer franchement. Je le changeais d'épaule, de bras, de genou. J'essayais de le mettre sur le ventre, sur le dos. Je me sentais nulle devant mon amie, incapable de calmer et d'endormir mon bébé, incapable de nous permettre d'avoir une conversation suivie et censée.*
>
> *Après un quart d'heure environ, j'étais sur le point de fondre en larmes, d'impuissance et d'épuisement. Mon amie m'a dit alors : "Tu veux bien que je prenne Clément quelques minutes ? Cela te soulagera un peu." J'ai déposé mon minuscule bébé dans ses bras. Elle ne l'a pas bercé, elle ne lui a pas parlé, elle n'a rien fait, elle l'a juste tenu contre elle. Deux minutes après, il dormait. Aujourd'hui encore, je me souviens du mélange de soulagement, de reconnaissance, d'étonnement et de jalousie que j'ai ressenti alors.* »

UNE INTIMITÉ SANS RISQUE

Un nouveau-né a besoin d'être pris dans les bras et bercé, autant que cela lui fait plaisir ainsi qu'à ses parents. Il n'y a aucun danger de « trop gâter » un si petit bébé ou de lui donner de mauvaises habitudes. Les parents peuvent sans risque se fier à leur instinct pour faire ce qu'ils sentent juste :

— prendre leur bébé avec eux dans leur chambre ;

— déplacer le couffin dans la pièce où ils se trouvent ;

— emmener bébé partout où ils vont ;

— le porter dans un porte-bébé kangourou même à la maison ;

— ne pas le laisser pleurer tout seul dans son lit.

Une seule limite : leurs interventions ne doivent pas être provoquées par une anxiété excessive mais s'enchaîner dans une certaine sérénité.

RESPECTER SON SOMMEIL

Ce dernier point n'est pas toujours compatible avec nos rythmes de vie. Mais il est indispensable si l'on veut que bébé organise au mieux l'alternance de ses temps de sommeil et d'éveil. Autant que possible, on ne réveille pas un bébé qui dort.

Il s'habitue à son petit lit

Durant les trois premiers mois, bébé dort partout : dans les bras, dans son couffin, dans le porte-bébé. C'est pourtant le moment de l'habituer, de temps à autre, à s'endormir dans son berceau ou dans son petit lit. Dormir à l'horizontal, sur le côté ou sur le dos, est une habitude à prendre pour le bébé qui a toujours dormi roulé en boule. Dans son petit lit, chaque fois qu'il se couche et se réveille, il retrouve la même douceur du drap sur sa peau, la même sensation du poids de la turbulette sur son corps, le rappel de son odeur qui imprègne la literie, la couche en tissu tendue sous sa tête, la peluche qui lui tient compagnie. Autour du lit, il reconnaît le mobile, le papier mural, les couleurs et les bruits particuliers de la pièce.

Il est important, une fois que bébé dort dans sa propre chambre, de ne pas changer le lit de place. Ainsi, tous ces éléments deviennent familiers. Ils sont associés, dans l'expérience du bébé, au bonheur de s'endormir. Le lit devient un petit nid où il se sent en sécurité.

Dès les premières semaines, il est bon que bébé soit parfois couché, dans son couffin, dans son berceau ou dans son lit, avant de s'être endormi. Il fait ainsi l'expérience, utile par la suite, de s'endormir tout seul.

Une manière sympathique et efficace d'aider bébé à s'habituer à son petit lit et à s'y sentir en sécurité consiste à y glisser quelque chose qui lui rappelle l'odeur de sa maman. Cela peut être un tee-shirt qu'elle a porté une nuit ou deux, un foulard qu'elle a gardé quelque temps autour du cou, ou quelques gouttes de son eau de toilette habituelle.

Sachez aussi que la plupart des nouveau-nés apprécient, pendant un mois ou deux, d'être langés ou emmaillotés, comme on le faisait autrefois. Même sans connaître la technique, il est facile aux parents, une fois l'enfant prêt à s'endormir, de l'envelopper dans un lange ou dans un châle avant de le mettre au lit. Le premier mois, les bras sont pris dans le châle, puis le châle passe sous les bras, tenant les jambes et le reste du corps.

Lorsque l'enfant pleure et qu'il a du mal à trouver son sommeil, il est rassuré de se sentir enveloppé, lové, dans une position presque fœtale. Le nouveau-né est peut-être gêné, voire réveillé, par les propres mouvements de ses membres. Être langé évite aussi ce petit problème.

Certains enfants apprécient plus que d'autres l'emmaillotage : vous sentirez vite ce qu'il en est pour votre bébé.

Faut-il installer bébé dans la chambre des parents ?

Cela commence par neuf mois d'intimité totale. Dans les dernières semaines précédant la naissance, la mère ressent tout de son bébé : lorsqu'il dort, lorsqu'il se retourne, lorsqu'il a le hoquet. Après quelques jours de complicité à la maternité, on ramène enfin à la maison son beau bébé tout neuf. On rêve de le voir dans son joli couffin, dans son berceau amoureusement décoré. Et même si on lui a préparé une petite chambre pour lui ou une place dans la chambre de l'aîné, on se sent plus rassuré, on trouve plus confortable de l'installer dans sa propre chambre, dans un couffin, à côté du grand lit. Cela est normal : on vient juste de faire connaissance, on n'a pas envie de déjà se séparer. En revanche, il ne me paraît pas souhaitable que le bébé soit dans le lit des parents.

Il y a un temps pour garder bébé près de soi...

La maman allaite ? Rien de plus simple, la nuit, que de glisser bébé directement dans son propre lit dès qu'il manifeste sa faim et de l'installer au sein sans même avoir à se lever. Bébé prend des biberons ? C'est aussi au creux du grand lit bien chaud qu'il est doux de se blottir l'un contre l'autre, papa tout à côté, quand il faut faire face à une petite faim de trois heures du matin. Bébé se rendort ? On le glisse délicatement dans son couffin et on fait comme lui.

Très bien. Mais jusqu'à quand ? Dans les premiers mois, tant que bébé « ne fait pas ses nuits », cela ne pose aucun problème. D'aucuns aiment avoir leur bébé près d'eux. Certaines mères ne se sentent apaisées qu'en sentant le souffle léger et tiède de leur bébé tout près d'elles. Qu'il se trouve dans une autre pièce et les voilà inquiètes, allant à tout moment voir s'il respire bien. D'autres constatent qu'ils dorment mieux, et leur bébé aussi, s'ils se séparent la nuit. À chaque parent de choisir la solution qui lui semble la plus naturelle, celle qui lui convient le mieux. Passé ce délai de quelques semaines ou des tout premiers mois, il est important de trouver dans la maison un coin aménagé pour le bébé où il pourra dormir au calme et en toute sécurité. Les parents ont besoin de retrouver une intimité ; le bébé d'apprendre à dormir toute la nuit — ce qui sera beaucoup plus difficile s'il reste dans la chambre parentale.

... et un temps pour lui apprendre à dormir seul

Il ne s'agit pas pour autant de tomber dans l'excès inverse : on voit parfois des bébés très jeunes isolés à l'autre bout de l'appartement, dans une chambre jolie mais silencieuse et coupée de la vie. Le bébé peut tout naturellement s'endormir dans la pièce où la famille se tient, ou bien directement dans sa chambre. Cette dernière solution est sans conteste la meilleure pour prévenir les troubles du sommeil : le bébé apprend à s'endormir seul, dans son lit, dans son petit coin à lui. S'il se réveille la nuit, il ne sera pas étonné de se trouver là et saura comment faire pour se rendormir. Nous reviendrons sur ce point essentiel.

Il est vrai que, dans certains pays (et autrefois en France), il est habituel que l'enfant partage le lit de sa mère jusqu'à son sevrage, parfois tardif. Une question se pose alors : qui, de la mère ou de l'enfant, a le plus besoin de l'autre ? Offrir à son bébé de quelques mois la possibilité de dormir, heureux et à quelque distance de sa maman, c'est déjà lui faire confiance. Élever un enfant, n'est-ce pas aussi lui apprendre progressivement à se passer de nous ?

Le sommeil du tout-petit

Le sommeil évolue

Vers la fin du premier mois, les parents sentent qu'une différence commence à apparaître dans les temps de sommeil de leur enfant, une différence entre le jour et la nuit. Les temps de sommeil de nuit s'allongent, ceux de jour raccourcissent (donc le nombre de repas de nuit également), et le bébé passe davantage de temps en éveil calme. Un autre signe apparaît, moins agréable pour les parents mais auquel bien peu d'enfants échappent : les pleurs inconsolables de fin de journée. Nous en reparlerons. Cette évolution du bébé est spontanée, probablement sous contrôle génétique.

Durant les trois premiers mois, le bébé prend le sommeil dont il a besoin, pourvu qu'il n'ait mal nulle part, n'ait pas faim et ne soit pas dérangé. Si vous trouvez que c'est trop peu, il n'y a pas grand-chose que vous puissiez faire sinon vous adapter au rythme de votre enfant. Ensuite, c'est lui qui s'adaptera aux rythmes de la vie familiale. Votre bébé peut tout à fait dormir peu — moins que la moyenne suggérée dans les livres spécialisés — et être en parfaite santé. Il n'y a pas de lien entre santé et quantité de sommeil. Lui ne sera pas fatigué, vous si.

Entre trois et six mois se joue une étape fondamentale : apprendre à dormir seul, toute une nuit (huit à neuf heures minimum), sans se réveiller. Le moment tant attendu par les parents qui ne se souviennent plus à quand remonte leur dernière nuit complète ! Bébé se réveille tous les matins presque à la même heure, indépendamment de la faim ou de la qualité de la nuit. Il est en pleine forme, plein d'énergie et appelle pour avoir de la compagnie. C'est parfois encore trop tôt pour bien des parents, surtout le week-end.

L'arrivée du quatrième mois marque une étape importante : bébé pleure nettement moins et il entre en contact avec ses proches de manière vraiment intentionnelle et intéressée. C'est l'époque du sourire et des grandes « conversations » en tête à tête.

Le bébé s'endort maintenant en sommeil lent, comme les adultes. Le temps de sommeil lent profond au cours de la nuit augmente, le temps de sommeil paradoxal diminue. Le dernier repas de nuit est supprimé.

Le jour, l'enfant peut rester de longs moments éveillé. Il s'intéresse à son environnement et apprécie la compagnie. Il fait généralement trois siestes — une le matin et deux l'après-midi —, ou quatre s'il se réveille de très bonne heure. Cela dépend des enfants. Le bébé, par les signes de fatigue qu'il montre, décide de l'heure de ses siestes. Celles-ci s'organisent progressivement — ce qui permet aux parents d'anticiper les moments d'éveil de leur bébé et de prévoir des activités.

Comment coucher bébé

Le plus simplement du monde : dans son pyjama, avec ou sans turbulette, dans son petit lit, dans l'endroit où il dort habituellement (sa chambre ou celle de ses parents). Dans une pièce à la bonne température (20 °C), dont l'air n'est pas trop sec : on peut aisément remédier à cela en accrochant un humidificateur sur un radiateur ou en installant un humidificateur électrique dans la chambre. L'hiver, bébé apprécie que l'on chauffe son lit avant qu'il s'y blottisse, à l'aide d'une bouillotte.

Certains bébés sont détendus par un bain en fin de journée : l'eau chaude a un effet relaxant. Tous les bébés se détendent et éprouvent un plaisir évident quand ils sont massés doucement, à pleines mains, comme des caresses sur les vêtements, ou directement sur le corps avec une huile d'amande douce, par exemple. La plupart s'endorment mieux s'ils ont été un peu promenés à l'extérieur. Enfin, durant les instants qui précèdent la mise au lit, l'ambiance doit être calme et détendue, la lumière douce.

Certains bébés sont évidemment beaucoup plus faciles à endormir que d'autres. Allongés gentiment, ils regardent autour d'eux quelques minutes avant de fermer les yeux. D'autres ont l'endormissement plus « bruyant ». C'est seulement l'observation et la connaissance de son propre bébé qui peuvent permettre de savoir ce qu'il aime et ce qui le prépare le mieux au sommeil. Seules trois règles deviennent vraiment importantes vers trois mois environ et le restent...

LE BÉBÉ DOIT S'ENDORMIR À L'ENDROIT OÙ IL SE RÉVEILLERA

Imaginez que vous vous endormez dans votre lit et que vous vous réveillez sur le canapé du salon. Entre les deux, aucun souvenir. Il y a de quoi avoir un réveil perturbé. Si cela se reproduit souvent, il y a même de quoi se retrouver insomniaque. C'est pourtant exactement l'expérience qu'on fait vivre à un enfant lorsqu'on le laisse s'endormir dans les bras de son papa ou dans le lit de ses parents et qu'on le pose dans son lit alors qu'il dort déjà. Quelques heures plus tard, en plein milieu de la nuit, il se réveille dans un autre cadre, dans un lit différent de celui qu'il avait mémorisé. Il se sent perdu et appelle à l'aide.

Si le bébé est calme, content, dans les bras de ses parents, puis qu'il proteste un peu lorsqu'ils le couchent dans son berceau au moment de dormir, il est préférable qu'ils résistent au désir de le reprendre immédiatement. Il suffit parfois de deux ou trois minutes pour que le bébé se fasse à la situation.

Il ne s'agit pas de le laisser hurler : ce n'est pas souhaitable, et souvent contre-productif, de laisser pleurer plus de cinq ou dix minutes, sans lui venir en aide, un bébé de moins de six mois.

L'ENDORMISSEMENT NE DOIT PAS RENDRE LE BÉBÉ DÉPENDANT D'OBJETS OU D'ACTIONS SPÉCIFIQUES

Certains bébés sont habitués à s'endormir :

— au son de la mélodie de leur boîte à musique ;

— en regardant tourner le mobile au-dessus de leur tête ;

— en étant bercé ou caressé par papa ou maman ;

— etc.

Tout cela est très sympathique et peut effectivement aider à l'endormissement. C'est le principe de l'apprentissage conditionné. Une certaine musique est associée plusieurs fois au fait d'être dans son lit et de ressentir de la fatigue parce que c'est l'heure de dormir. Au bout de quelque temps, le seul fait d'entendre la musique, par association, aidera l'enfant à plonger dans le sommeil.

Seul problème : de la même façon que la musique facilite le sommeil, le sommeil a besoin de la musique. Or, lorsque l'enfant se réveille naturellement comme il le fait plusieurs fois au cours de la nuit, il est incapable de remettre tout seul en marche sa boîte à musique. Ne pouvant se rendormir, il appelle.

On retrouve la notion d'autonomie abordée au chapitre précédent. Toute habitude de sommeil qui rend l'enfant dépendant de l'adulte est à éviter. Rendre l'enfant, si petit soit-il, indépendant dans son sommeil, c'est ne pas associer au fait de s'endormir des actions qu'il ne pourrait pas reproduire lui-même.

L'ENFANT DOIT S'ENDORMIR SEUL

Dès le plus jeune âge, il est important que les parents prennent l'habitude de sortir de la chambre où l'enfant est couché avant qu'il ne s'endorme. Il est tout à fait inutile de rester à côté de lui, en lui chantant des berceuses, en lui tenant la main ou en lui caressant le dos. Toutes ces attitudes tendres ont un rôle à jouer avant la mise au lit, non après.

La première raison nous ramène au point précédent : « Si maman est là, à me caresser la main, quand je m'endors, je m'habitue vite à avoir besoin de sa main pour m'endormir. Chaque fois que je me réveillerai, je l'appellerai pour qu'elle vienne me tenir la main ou me tenir à nouveau compagnie jusqu'à ce que je retrouve le sommeil. Étant donné le plaisir que j'ai à avoir maman toute à moi au milieu de la nuit, je vais faire mon possible pour la retenir. »

La deuxième raison est davantage d'ordre psychologique. Laisser l'enfant seul trouver son sommeil, c'est lui signifier :

— qu'il n'a rien à craindre de la solitude, ni de la nuit ;

— qu'il est tout à fait capable de se débrouiller et qu'on lui fait confiance.

Ce comportement parental est celui qui transmet le moins d'anxiété à l'enfant. Sentant que ses parents sont tranquilles à l'idée de le laisser s'endormir seul, il se sent lui-même en sécurité.

Si le bébé se réveille au milieu de la nuit (ce qui ne manque jamais d'arriver), cela ne pose aucun problème. La situation est celle à laquelle il est habitué le soir : seul, dans son lit, dans sa chambre, dans l'obscurité. C'est une situation qu'il connaît, dans laquelle il sait comment faire pour s'endormir. Bébé n'a pas besoin d'appeler sa maman.

Dernière raison : un jour vient où tout petit enfant est rattrapé par la peur de l'obscurité. Celui qui a déjà construit la confiance en lui et qui sait gérer ses nuits est beaucoup mieux armé lorsque cette période survient.

N'oubliez pas que votre tâche de parents ne consiste pas à « faire dormir » votre enfant, mais à créer les conditions favorables à son endormissement. Il a besoin de vous pour l'accompagner au lit et se sentir en sécurité dans sa chambre. S'endormir lui appartient.

Les réveils nocturnes

Les premiers mois étant très fatigants pour les parents, il est important que les repas de nuit durent le moins longtemps possible afin que le sommeil de chacun soit préservé. Bien sûr, cela dépend aussi du rapport de chaque adulte avec le sommeil : certains se rendormiront très facilement après chaque éveil quand d'autres resteront éveillés, dans leur lit, incapables de se rendormir entre deux tétées.

« *Je n'avais déjà pas le sommeil facile, j'étais longue à m'endormir et vite en alerte au moindre bruit. Dans les semaines qui ont suivi la naissance de Simon, ce fut terrible. J'étais une maman seule, sans aide ni relais. J'avais posé son couffin à côté de mon lit. Le moindre de ses soupirs me réveillait, le moindre de ses mouvements me faisait sursauter. Les montées de lait étaient fréquentes, douloureuses, supérieures à ses besoins, toujours un peu en avance sur ses appels. Après la tétée, le change, je me recouchais : impossible de me rendormir. De toute façon, pour si peu de temps, je considérais que cela n'en valait même plus la peine. Entre deux tétées, je me tournais dans mon lit ou feuilletais un journal, guettant le prochain réveil du bébé.*
Je résolus d'installer Simon dans sa chambre, pensant que ne plus l'entendre pendant son sommeil me permettrait de mieux dormir. J'étais si fatiguée que c'est parfois à quatre pattes que je parcourais les quelques mètres qui séparaient ma chambre de la sienne.
Les mois ont passé. Simon a "fait ses nuits" et s'est vite révélé un bon dormeur. La première nuit complète que j'ai pu faire, je l'ai savourée comme un merveilleux cadeau. Depuis, je dors bien. Cet épisode de fatigue extrême m'a guérie : à peine couchée, je m'endors, en paix jusqu'au lendemain. »

QUELQUES CONSEILS POUR MIEUX VIVRE LES RÉVEILS NOCTURNES DES TOUT-PETITS

• Il est inutile, voire nuisible, de laisser pleurer un tout-petit la nuit. D'abord, parce qu'il est probablement réveillé par la faim : ce qui est légitime et douloureux. Ensuite, parce qu'un bébé qui pleure de plus en plus se révèle de plus en plus difficile à calmer. Quelle que soit la raison des pleurs, mieux vaut aller voir ce qui se passe et faire le nécessaire pour soulager bébé. Solitude et détresse ne constituent pas de bonnes bases pour construire la sécurité intérieure.

• Tant que le bébé a des repas de nuit et ne dort pas d'une traite, les parents vont devoir se lever à un moment ou à un autre. Autant établir une routine qui rendra ces interruptions de sommeil moins pénibles.

• Chacun ayant droit à son repos, décidez dès le retour de la maternité d'alterner les tours de garde : une nuit pour le père, une nuit pour la mère. Il paraît que certains pères ont une oreille sélective qui fait qu'ils sont moins spontanément réveillés que les mères par les appels du bébé. La mère se lève alors en se disant que, puisqu'elle est réveillée de toute façon, mieux vaut laisser son conjoint dormir. C'est une erreur. Si c'est son tour, il est préférable de réveiller le papa pour qu'il s'occupe du bébé. Ainsi son oreille s'habituera.

• Celui qui n'est pas de garde de nuit se couche de bonne heure et met des bouchons d'oreilles.

• Si le bébé est nourri au biberon, il est plus facile d'alterner les gardes. Préparez tout ce qui est nécessaire pour le repas la veille au soir. N'oubliez pas que le bébé peut parfaitement boire ses biberons à température ambiante. Les chauffer est inutile (sauf s'ils sortent du réfrigérateur).

• Si le bébé est nourri au sein, le papa peut participer en allant chercher le bébé, en l'amenant dans le lit parental et en s'occupant du change, si bien que la maman n'a pas à se lever.

• Une fois l'allaitement bien en place, il n'y a aucun inconvénient à tirer assez de lait pour remplir un biberon que le papa donnera la nuit. Les liens entre le bébé et son papa se renforcent, le bébé s'habitue au contact de la tétine en caoutchouc dans sa bouche : cela ne représente que des avantages !

• Le manque de sommeil de nuit peut se rattraper le jour, à condition d'accepter de laisser de côté les tâches ménagères pour se reposer en même temps que son bébé.

Attention à l'hyperexcitation

Certains petits bébés, lorsqu'ils sont fatigués, s'endorment. D'autres, et ils sont nombreux, s'énervent. Les parents sont souvent incapables d'interpréter correctement ce comportement. Bébé pleure : ils le nourrissent. Cela est d'autant plus compréhensible que, dans les premiers mois, tout pleur un peu énergique ressemble à un pleur de faim. Bébé se calme quelques minutes, pour le plaisir de téter. Mais, ce repas venant à contretemps, il se remet à pleurer. Les parents pensent qu'il digère mal, alors ils lui massent le ventre. Puis, se sentant impuissants à comprendre ce qui se passe, ils tentent de distraire leur bébé de son chagrin, avec un jouet ou des paroles, en mettant de la musique ou en lui donnant un bain. Tout cela ne fait évidemment que fatiguer encore davantage le bébé qui ne demande qu'une chose : qu'on le laisse en paix, le temps de vider sa tension et de s'endormir ensuite. Il est perdu, il ne trouve plus ses repères. Il enrage de n'être pas compris.

Il arrive que ce mécanisme se reproduise fréquemment, plusieurs fois par jour. Les parents sont épuisés, contrariés et inquiets. À la consultation, le médecin trouve que le bébé va très bien et parle de coliques des trois premiers mois — un problème encore mystérieux sans autre solution que la patience[1].

Il s'agit souvent d'enfants très actifs et éveillés, dont la demande de repos et de sommeil n'est pas comprise. Volontiers toniques, emmagasinant une grande quantité d'informations et d'expériences, ils ne peuvent passer de la veille au sommeil sans pleurer un peu. Ce ne sont pas des pleurs de tristesse, mais de fatigue et de tension. Ils aident le bébé à se détendre et à trouver le sommeil. Parfois, c'est même dans sa première phase de sommeil agité qu'il pleure. La seule attitude adéquate consiste à le laisser tranquillement se calmer et trouver son sommeil tout seul. Toute intervention, même lui parler ou le bercer, serait un dérangement et une stimulation supplémentaire, donnée à contretemps.

Le besoin de manger et le besoin de dormir sont, chez le petit bébé, absolument impératifs. S'ils ne sont pas satisfaits, bébé hurle. Certains ont aussi besoin de pleurer pour pouvoir s'endormir. Il est important de savoir cela.

Différencier le jour et la nuit

Ce n'est que vers la fin du premier mois que le bébé montre les signes d'une différenciation entre le jour et la nuit, qui s'installe spontanément en deux mois environ. Il s'agit d'un processus naturel dans lequel le bébé entre à son rythme et sans difficulté,

1. À ce sujet, voir *Bébé pleure : que faire ?*, Anne Bacus, Marabout, 2003.

pourvu qu'il ait été comblé jusqu'ici dans ses besoins de nourriture, d'attention et de tendresse.

Les repères temporels

Le bébé s'occupe seul du programme biologique, mais les parents ont un rôle à jouer dans l'apprentissage du programme « social ». Si l'enfant modifie l'organisation de son rythme et de son temps, c'est aussi parce que ses parents lui ont montré qu'il se passe beaucoup plus de choses intéressantes pendant la journée — donc il vaut mieux rester éveillé longtemps — que pendant la nuit — donc autant en profiter pour dormir. Ce sont tous ces repères temporels qu'il importe de faire acquérir à l'enfant.

Voici quelques idées générales, à compléter et à aménager selon la vie de chacun, afin que bébé comprenne vite qu'il n'y a aucun intérêt à se réveiller la nuit :

• Exposez votre bébé à la lumière, le jour, et à l'obscurité, quand c'est l'heure de dormir la nuit (l'été, il faut de bons volets ou des rideaux épais). Cela suppose que les siestes de jour se fassent à la lumière du jour, à peine atténuée si besoin est. Quant aux interventions et aux repas de nuit, ils doivent se faire dans une quasi-pénombre.

• Le jour, on parle avec une voix normale, on se raconte des histoires, on fait des jeux, on s'éveille. Bébé est entouré des bruits quotidiens de la maison et de la rue. Le change est un moment de partage et de chatouilles. Au milieu de la nuit, on chuchote et on est avare de paroles. On évite toute stimulation. On reste avec bébé juste le temps nécessaire. À peine nourri, bébé est recouché. Il n'est changé que si c'est indispensable.

Apprendre à « faire ses nuits »

L'espacement des repas de nuit est le témoin que cet apprentissage va devenir possible. Le bébé passe à un seul repas au milieu de la nuit, vers trois ou quatre heures du matin, puis il arrive à « tenir » entre le dernier biberon de vingt-trois heures et l'aube. Bien sûr, cette progression n'est pas continue. Il peut y avoir des retours en arrière avant que les bonnes nuits ne s'installent vraiment. Mais il devient manifeste que le lien entre le repas et le sommeil se relâche. Bébé s'endormait volontiers une fois repu et se réveillait à cause de la faim. Au deuxième trimestre, bébé s'endort parce qu'il est fatigué et se réveille parce qu'il a assez dormi.

Dormir toute une nuit sans manger suppose que le bébé soit capable de maintenir ses réserves intérieures à un niveau suffisant. Cela peut difficilement se faire, sauf exception, tant que le bébé n'a pas atteint l'âge de deux mois et le poids de cinq kilos. Il peut alors doucement passer à quatre repas par jour, espacés de quatre heures environ. À cet âge, bébé ne hurle plus pour avoir son biberon, mais signale qu'il a faim et se montre capable d'attendre un peu.

Ces données ne sont qu'approximatives : rappelons que chaque bébé a son histoire, son tempérament et son rythme. Pourtant, les parents ont leur rôle à jouer. Cette période d'installation de nouvelles habitudes est délicate. Pour que tout se passe bien, il est important que les parents ne commettent pas d'erreurs éducatives. Les bébés qui pleurent pour avoir encore un biberon de nuit à huit ou dix mois sont des bébés à qui l'on a donné l'habitude d'en prendre un.

Jusqu'à deux ou trois mois, le repas de nuit est un besoin. Y répondre est une évidence. Puis ce besoin disparaît spontanément. Si on n'accompagne pas l'enfant dans ce changement, le biberon demeure. Après six mois, ce n'est plus un besoin mais une habitude, dont il sera bien plus difficile de se passer. Si l'enfant se sent affamé la nuit, ce n'est pas parce qu'il a besoin de nourriture, mais parce qu'il est conditionné à en prendre à ce moment-là.

Pour faire passer cette habitude, il suffit le plus souvent de régulariser les horaires des quatre ou cinq repas de jour, puis de diminuer progressivement la quantité de lait dans le biberon de nuit : de 30 g par jour environ. Si le biberon est donné sans aucun « bénéfice secondaire » (sans jouer avec le bébé, par exemple), l'habitude lui en passe très vite.

Les principales erreurs, à la période où bébé commence à espacer ses réveils, consisteraient donc :

— À laisser le bébé s'endormir systématiquement sur le biberon, puis le coucher endormi : c'est une association repas/sommeil qu'il chercherait à reproduire lors de ses éveils nocturnes.

— À se précipiter dans sa chambre au premier cri, sans lui laisser une chance de trouver son poing à sucer, puis de se rendormir pour un nouveau cycle de sommeil.

— À continuer à donner un « biberon-plaisir » pour la douceur de ce moment partagé au milieu de la nuit, ou bien par une mauvaise interprétation de la demande de bébé. Il peut se réveiller, sans pour autant avoir faim (même si le biberon se révèle avoir un réel pouvoir apaisant).

— À garder bébé dans la chambre parentale lorsqu'il commence à « faire ses nuits ». S'il sent la présence de ses parents à ses côtés, le bébé réclame beaucoup plus facilement : s'il se réveille, il ne comprend pas pourquoi ses parents ne réagissent pas comme d'habitude. C'est d'autant plus vrai quand le bébé est allaité. Avec son odorat très fin, il sait tout de suite que maman est près de lui et que le lait est disponible. Un délai va l'énerver et un refus lui serait difficile à comprendre.

Si bébé est allaité et qu'il appelle la nuit depuis sa propre chambre, mieux vaut que ce soit le papa qui se dérange, rassure bébé et lui demande de se rendormir jusqu'au matin. Pour la même raison que précédemment, la maman, avec l'odeur du lait que le bébé connaît si bien, serait nettement moins efficace.

Faut-il faire le silence ?

Un nouveau-né n'a pas besoin du silence pour dormir. Habitué aux bruits qu'il percevait à l'intérieur de l'utérus, il n'est pas gêné par les bruits de la maison. En grandissant, le sommeil du bébé peut devenir, dans certaines phases, très léger. Avoir habitué l'enfant à dormir dans les bruits quotidiens est un bon point à ce moment-là. Éliminer tous les bruits de la maison quand bébé est endormi, cela reviendrait à créer des conditions artificielles de sommeil, difficiles à toujours maintenir, et dont bébé serait vite dépendant.

Comment vérifier que tout va bien
sans déranger bébé

On ne compte pas les mères de nature anxieuse qui, après avoir enfin réussi à endormir leur bébé, retournent dans sa chambre vérifier qu'il dort bien, touchent doucement son cou pour être sûres qu'il n'a pas trop chaud, ne résistent pas au désir de déposer un petit baiser sur son crâne... et le réveillent. Voici quelques conseils pour rendre compatibles besoin de vérifier et sommeil de bébé :

— Laissez la porte de sa chambre suffisamment ouverte pour y passer la tête ou s'y glisser sans faire de bruit.

— Laissez la chambre dans la pénombre plutôt que dans l'obscurité, afin de n'avoir pas besoin d'allumer, ni même de changer la luminosité, pour voir si bébé respire correctement.

— Si bébé mouille souvent son lit, recouvrez le drap du dessous avec une serviette de toilette : ce qui vous évitera de refaire entièrement le lit au milieu de la nuit (vous retirerez la serviette sans déranger bébé). Étudiez la possibilité de doubler la couche-culotte d'une couche jetable rectangulaire.

— Si la maison est grande, procurez-vous un interphone qui vous transmettra les sons en provenance de la chambre de bébé, où que vous soyez dans la maison. C'est un accessoire utile également à emporter lorsqu'on va avec bébé en vacances ou dîner chez des amis.

— Réfrénez votre désir d'aller voir votre bébé toutes les cinq minutes. Il fait du bruit dans son sommeil : ce qui ne signifie pas qu'il ait besoin de vous. Lorsqu'il reste longtemps silencieux non plus !

En théorie, un bébé peut tout à fait s'habituer à entendre l'aboiement du chien, le passage des voitures ou les rires des enfants aînés sans en être dérangé. Des bruits sourds et réguliers comme le ronronnement de l'aspirateur ou du lave-linge peuvent même avoir un effet relaxant.

En pratique, c'est moins simple. Des bruits soudains comme la sonnerie du téléphone peuvent évidemment le réveiller. Mais des bruits beaucoup plus légers aussi. Selon la sensibilité de son sommeil, selon la phase de sommeil (plus ou moins profond) dans laquelle il est, bébé est plus ou moins sensible au bruit. L'expérience montre qu'entrouvrir la porte et aller jusqu'à son lit sur la pointe des pieds peut suffire à le réveiller, donc à troubler son sommeil.

Permettre au bébé de percevoir les bruits de la maison lors de ses siestes (pendant la journée) l'aidera à faire la différence entre le jour et la nuit, plus silencieuse.

Les erreurs à ne pas commettre

Les six premiers mois sont importants pour la suite de la vie nocturne de l'enfant. Alors autant éviter certains impairs susceptibles d'entraîner des troubles du sommeil un jour où l'autre.

Ne pas reconnaître le sommeil agité du bébé

Il faut le redire, car c'est important : bébé s'endort en sommeil agité. Dans ces premiers moments, bébé bouge son corps et ses yeux, il grommelle, il pleure parfois un peu. Il est très expressif. Au point qu'un observateur non averti pourrait facilement douter qu'il dort. Le père ou la mère croit que l'enfant n'arrive pas à dormir et qu'il se sent mal à l'aise. Il ou elle prend alors le bébé dans ses bras pour le réconforter et le réveille. Dérangé dans son premier sommeil, le bébé se met à pleurer — ce qui confirme le parent dans son ressenti : quelque chose n'allait pas.

Si ce manège se reproduit, le bébé perd ses repères. Il est fatigué, troublé et n'arrive plus à se repérer dans ses rythmes. Les parents sont convaincus d'avoir un bébé « difficile », qui dort peu : ce qui n'était pas le cas mais risque effectivement de le devenir.

Ce problème est facile à éviter. Quand on a compris comment fonctionne le sommeil du nouveau-né, on n'intervient plus inconsidérément. Les mécanismes d'autorégulation du sommeil sont merveilleusement efficaces mais fragiles : laissons-les agir. L'attitude consistant à ne pas obliger un bébé à dormir s'il n'a pas sommeil, à ne jamais le réveiller s'il dort et à le laisser gérer ses temps de sommeil sans intervenir est souvent la plus sage. On pourrait reprendre presque la même phrase en ce qui concerne l'alimentation. D'une manière générale, les interventions fréquentes risquent de déranger plutôt que d'arranger. Faisons confiance aux compétences du bébé et à l'intelligence de la vie.

Ne jamais le laisser s'endormir seul

Ce point est le corollaire du premier. Bébé peut faire un petit somme dans vos bras de temps en temps, surtout s'il se réveille là où il s'est endormi, contre vous. Mais il est important aussi que cette sécurité qu'il trouve dans vos bras lui permette à d'autres moments de s'endormir seul sans son lit, où vous l'aurez laissé après un geste doux et une parole apaisante : « Bonne nuit, mon bébé, à tout à l'heure. » C'est ainsi qu'il gagne en autonomie et en confiance dans ses propres capacités. Pour se détacher tranquillement, donc bien dormir dans les années qui viennent, il a à la fois besoin que vous le gardiez contre vous au chaud et que vous sachiez vous séparer de lui sans inquiétude.

Avoir peur de trop gâter bébé

Dans les premiers mois de bébé, vous ne pouvez pas lui donner vraiment de mauvaises habitudes — sauf en agissant à contretemps, nous l'avons vu. Si mauvaises habitudes il y avait, elles seraient faciles à rattraper dans les mois suivants. Le bébé a absolument besoin de l'amour tendre et attentif de ses parents. Il a besoin de leurs bras. Il a besoin de leur temps. Il n'est indépendant sur aucun plan, mais il peut être autonome sur certains. Ce n'est pas à deux semaines ou un mois qu'on peut demander à bébé de rester toute la nuit silencieux, même si certains y parviennent spontanément.

N'ayez pas peur de prendre votre bébé avec vous ou dans vos bras le temps que vous voulez. Non seulement vous n'en ferez pas un enfant gâté ou capricieux, mais vous l'aiderez à construire une solide confiance en lui-même. Se sentir aimé est important, il n'y a rien de plus précieux pour entrer dans la vie.

Il arrive que bébé pleure dans son berceau. Vous le prenez dans vos bras : il se calme et gazouille. Rassuré, vous le recouchez : il recommence à râler. Ce comportement ne signifie pas que bébé vous fait « marcher » ou qu'il est capricieux, vous laissant croire qu'il a un problème alors qu'il va très bien. En fait, bébé exprime une chose simple : il préfère être dans vos bras que seul dans son lit. Il n'a pas besoin de lait ou d'être changé : il a besoin de tendresse et de proximité. Dans vos bras, son besoin est satisfait, donc il se tait.

Ne jamais se reposer

Certaines jeunes mères veulent être parfaites sur tous les plans : bonne mère, bonne épouse, bonne maîtresse de maison, rapidement bonne professionnelle. C'est un comportement dangereux qui mène droit à l'épuisement et à la dépression. L'attitude plus équilibrée, celle qui permet, à terme, d'être une meilleure maman, consiste à ne pas se croire indispensable quand on ne l'est pas et à savoir faire la part des priorités :

— Dormir, ou au moins se reposer, lorsque bébé dort.

— Considérer que se sentir épuisée est parfaitement normal, donc inutile d'y rajouter l'inquiétude et la culpabilité.

— Se faire relayer la nuit et le week-end par le conjoint.

— Faire le minimum en ménage et déléguer tout ce qui peut l'être.

— Demander l'aide dont on a besoin.

— Se donner chaque jour un moment pour se détendre et s'occuper de soi.

Ariane vient me consulter parce qu'elle se sent anxieuse et déprimée. Elle fond en larmes à tous moments de la journée. Elle n'a même plus envie de s'occuper de son bébé qu'elle adore. Elle se dit qu'elle ne devait pas être faite pour avoir des enfants.

Ariane me raconte comment elle vit depuis son retour de la maternité. Le jour, elle s'occupe de son bébé et joue avec lui lorsqu'il est réveillé. Quand il dort, elle fait le ménage, prépare les repas, se lave et mange en vitesse, fait des lessives, répond au courrier. Les sorties avec bébé, c'est la tournée des commerçants du quartier pour faire les courses, ou la visite au kiné pour les séances de rééducation. Le soir, elle couche bébé, puis se change pour son mari qui rentre tard de son travail. Elle dîne avec lui. La nuit, elle se lève vite dès qu'elle entend bébé que son mari, qui travaille beaucoup et a besoin de récupérer, ne soit pas réveillé.

Son bébé a quatre mois. Ariane n'en peut plus. Je lui explique le piège dans lequel elle est tombée. Elle a voulu être une mère parfaite, une mère de magazine ou de publicité. Plutôt que d'être la mère unique de ce bébé unique, avec ses élans d'amour et ses moments de fatigue, avec ses compétences et ses limites.

Questions de parents

Combien de temps laisser pleurer un bébé ?

« Combien de temps puis-je laisser mon bébé de trois mois pleurer la nuit avant d'intervenir ? »

Certainement pas longtemps, mais la durée précise dépend de plusieurs facteurs :

— Cela dépend des pleurs. Un pleur léger peut laisser penser que le bébé pleure en dormant ou qu'il y a une chance pour qu'il se rendorme seul. Mieux vaut ne pas intervenir. Si les cris sont vigoureux et bébé manifestement très « remonté », le cas est différent.

— Cela dépend de bébé. Pour un bébé calme et facile, une durée de pleurs d'une ou deux minutes peut déjà sembler longue. À un bébé qui a besoin de pleurer pour se détendre avant de dormir, on peut donner un peu plus de temps. Bébé est peut-être en train d'apprendre à faire des nuits complètes : ce qui est un élément important.

— Cela dépend de vous. Certains parents ne supportent pas d'entendre leur bébé pleurer et se sentent tenus d'intervenir très rapidement. D'autres admettent que les pleurs font partie de la vie des bébés, qui ne sont pas pour autant en péril.

Pour toutes ces raisons, il est impossible de répondre par une durée précise. Vous êtes, en tant que parents, les mieux placés pour comprendre les raisons des pleurs et juger quand il est bon d'intervenir.

Une seule certitude : ni bébé ni vous ne gagnerez rien à le laisser pleurer plus de cinq ou dix minutes sans un soutien ou une intervention.

Le bébé qui s'endort en cours de repas

« Ma petite fille de six semaines se réveille vers deux heures du matin. Je la change et je la mets au sein. Cinq minutes après, elle s'endort dans mes bras. Comme elle n'a pas bu assez, elle se réveille à nouveau une heure plus tard. Mais comment faire pour qu'elle prenne les deux seins ? »

La question est souvent posée. La nuit, le bébé est fatigué. Une fois rassasiés la partie « douloureuse » de la faim et le besoin de téter, bébé, blotti bien au chaud dans les bras, se rendort, l'estomac à moitié vide. Il existe différents « trucs » : caresser le lobe de l'oreille pendant la tétée ; donner un sein, puis changer le bébé avant de lui offrir l'autre sein ; etc. En fait, c'est un comportement qui disparaît vers l'âge de deux mois et qui ne demande donc qu'un peu de patience.

L'autre inconvénient de la situation que vous décrivez est le fait que votre fille s'habitue, la nuit, à s'endormir au sein. C'est une habitude dont elle risque d'avoir du mal à se défaire, et vous risquez de devoir la mettre au sein chaque fois qu'elle a du mal à se rendormir. Je vous conseille donc, une fois la tétée terminée, de prendre votre enfant verticalement contre vous le temps du rot, puis de l'étendre dans son petit lit avant qu'elle ne soit rendormie complètement.

La position pendant le sommeil

« J'ai lu dans tous les livres que les bébés doivent être couchés et dormir sur le dos. Or, mon bébé de cinq mois se retourne tout seul dans son lit et je le retrouve chaque fois sur le ventre. Dois-je continuer à aller le remettre sur le dos systématiquement ? »

La position sur le dos est recommandée car elle diminue les risques de mort subite du nourrisson. Mais à partir du moment où le bébé est capable de se mouvoir librement et de prendre la position qu'il veut, cela n'a plus de raison d'être. En dérangeant votre bébé la nuit pour le remettre sur le dos, vous risquez surtout de le réveiller et de l'habituer à vous avoir près de lui : ce qu'il se mettrait ensuite à réclamer.

Votre petit garçon, comme de très nombreux bébés, aime dormir sur le ventre, probablement les jambes repliées sous lui en position fœtale. C'est ainsi qu'il est heureux et qu'il dort bien, laissez-le faire. Une précaution toutefois : ne mettez pas d'oreiller dans le lit. Le bébé pourrait y enfouir sa tête et avoir du mal à respirer.

« Faire ses nuits » : un moment délicat

« Mon bébé commençait à "faire ses nuits" quand nous sommes partis une semaine en vacances. À peine arrivés, il a recommencé à pleurer la nuit et à demander un biberon. Pareil au retour. J'ai l'impression d'être revenue en arrière. »

La période où le bébé commence à dormir des nuits complètes est délicate. L'enfant doit trouver un nouvel équilibre : ce qui n'est possible que si sa vie quotidienne est stable, sans trop de bouleversements. Si tout change en même temps, il ne s'y retrouve plus. Le mieux, pendant cette période de deux ou trois semaines, est d'assurer à bébé une vie régulière, où ses repères ne sont pas bousculés. Évitez si possible les déplacements et sorties nocturnes.

Cela n'est évidemment pas toujours possible. La perturbation vécue par votre bébé n'est pas grave. Maintenant qu'il a retrouvé son cadre, vous allez pouvoir reprendre l'acquisition où vous l'aviez laissée. Mais attention à ne pas lui faire prendre l'habitude du biberon de nuit alors qu'il n'en a plus besoin physiologiquement.

Le bébé de six mois à un an

À six mois, le bébé est devenu une merveilleuse petite personne, très agréable à vivre, souriante et gaie. Les parents ont émergé de la difficile période d'adaptation des premiers mois de la vie, quand toute l'organisation familiale était suspendue aux horaires et aux exigences de bébé.

Bébé grandit

Maintenant que les horaires de repas et de sommeil se sont stabilisés, la vie a pu prendre une certaine régularité. Les parents se sont faits à leur nouveau rôle et à leur nouvelle responsabilité. Moins épuisés depuis que bébé « fait ses nuits », ils savourent pleinement la présence de leur tout-petit à la maison. Ils prennent davantage confiance dans leurs compétences de parents.

Le bébé, de son côté, traverse ce second semestre une période de progrès rapides et impressionnants.

Il se développe :

• **Sur le plan physique.** Bébé grandit et change d'allure. En six mois, il va apprendre à se tenir assis, à se mettre assis, à se mettre debout et à faire quelques pas. Le passage à la position debout change toute la vision du monde de l'enfant. Il peut partir en exploration ! La coordination entre l'œil et la main s'améliore rapidement : bébé attrape et manipule les objets de mieux en mieux.

• **Sur le plan intellectuel.** Curieux de tout, bébé va à la rencontre des objets, même ceux qui sont interdits. Il les porte à sa bouche : ce qui est sa façon de les reconnaître. Il découvre le lien de cause à effet : ce progrès est essentiel. « Si j'appuie sur le bouton, le jouet sonne ; si je lance ma cuiller, elle tombe par terre ; si je crie, maman vient. » Le bébé fait des découvertes « scientifiques » et les répète pour être bien sûr de ne pas se tromper. Enfin, il découvre la permanence de l'objet. Il sait désormais qu'un objet qui a disparu de sa vie continue d'exister de manière autonome. Il y a donc moyen de le retrouver. C'est le début des jeux de cache-cache.

• **Sur le plan social.** Bébé est un petit compagnon très agréable. De bonne humeur, souriant, il aime la compagnie. Il s'intéresse de plus en plus à son père, à ses frères et sœurs aînés et aux animaux de la maison. Il commence à imiter ceux qui l'entourent.

Bien sûr, ces progrès s'accompagnent de quelques peurs, comme la peur des étrangers ou la peur d'être séparé de ceux que l'on aime. Certains moments de la journée deviennent très délicats : lorsque le facteur sonne pour apporter un courrier, par exemple, bébé, effrayé, peut hurler jusqu'à ce que le facteur s'en aille. De même lorsqu'il s'agit de déposer bébé à la crèche ou chez son assistante maternelle. Ces peurs sont plus ou moins marquées et durent plus ou moins longtemps selon les enfants. Elles ont aussi des répercussions sur le sommeil du bébé, comme tous les autres événements de son existence, maladies, déplacements ou tensions. Pourtant, à partir de l'âge de six mois, le sommeil de bébé prend son régime de croisière. Quelques modifications de détail interviendront, en ce qui concerne le nombre d'heures de sommeil ou le nombre de siestes, mais peu de changements décisifs. En appliquant une attitude ferme et sereine, les petits problèmes disparaissent vite.

Le sommeil de bébé

Vers six mois, le bébé « fait ses nuits » normalement et n'a plus besoin d'un repas supplémentaire entre celui du soir et celui du matin. Si ce n'est pas encore le cas, il est temps de se demander pourquoi : bébé a-t-il vraiment faim ou s'agit-il d'une habitude qu'il ne veut pas lâcher ? Comment ses parents peuvent-ils l'amener doucement à y renoncer ? Si le bébé est encore allaité, il faut être attentif au fait qu'il ne s'endorme pas au sein. Le sein n'est pas une tétine et maman n'est pas un doudou. Si bébé est encore allaité la nuit, ce n'est pas le lait qu'il réclame, mais la présence de sa maman. Il cherche aussi à retrouver, pour se rendormir la nuit, les conditions qui ont permis qu'il s'endorme le soir.

Parallèlement, le bébé devient plus sensible à l'ambiance, aux habitudes et aux contrariétés. Peu à peu, il est capable de lutter contre le sommeil, même s'il est très fatigué. Il s'énerve alors et l'endormir devient plus difficile. Il a vite compris que ne pas s'endormir tout de suite lui permettait d'obtenir un peu plus d'attention de ses parents.

Vers neuf ou dix mois, se coucher signifie : se séparer de papa et de maman, donc perdre provisoirement présence, amour, tendresse, amusement — ce qu'il ne veut en aucun cas, surtout s'il a déjà été séparé de ses parents toute la journée. Son sommeil se ressent facilement de son existence éveillée. Il fait écho à ce que l'enfant vit. On a coutume de dire que les difficultés de la nuit se résolvent le jour.

La mise au lit

Plus encore qu'au cours du semestre précédent, il convient d'apprendre à bébé comment s'endormir tout seul, une fois mis au lit :

— Fixez l'heure du coucher de votre bébé en fonction de celle du passage du « marchand de sable ». Frottements des yeux, bâillements, ralentissement de l'activité : ce moment n'est pas difficile à repérer. Il est plus facile d'endormir l'enfant en suivant un horaire de coucher régulier. S'il est couché tous les soirs à huit heures, par exemple, son organisme le sait et se prépare à se mettre en sommeil lorsque l'heure arrive. Régularité et petites habitudes sont d'une grande aide. Toute la difficulté consiste à concilier l'horaire « biologique » d'endormissement avec les exigences sociales.

— Accompagnez l'enfant au lit en douceur. Une petite routine de mise au lit, pas trop longue, dix à quinze minutes, suffit en général. Quand bébé est prêt à aller se coucher, vous pouvez le prendre sur vos genoux pour feuilleter ensemble un livre et coucher au pied du lit les peluches qui vont elles aussi « faire dodo ». Toute autre activité paisible et tendre peut convenir.

— Puis expliquez au bébé qu'il est l'heure de dormir et couchez-le dans son petit lit. Glissez près de lui son objet favori : peluche ou doudou... Chantez une petite berceuse ou mettez en marche la boîte à musique. Et murmurez une phrase magique dans le creux de l'oreille de bébé, toujours la même — quelque chose comme : « Tu peux dormir maintenant, tout va bien, papa et maman sont là. À demain, dors bien. »

— Enfin, sur un dernier baiser, sortez de la chambre. Si bébé proteste, revenez, dites une chose rassurante : « Tu vas bien, dors maintenant », et ressortez aussitôt. Ne le prenez plus dans vos bras, ne le sortez plus de son lit. Si possible, n'intervenez plus. N'oubliez pas que, si certains bébés ont besoin de babiller un peu dans le noir pour s'endormir, d'autres ont besoin de pleurer quelques minutes pour se détendre et amener le sommeil.

S'il a du mal à dormir ou à s'endormir

Entre huit mois et un an, certains bébés ont bien du mal à s'endormir le soir. Une fois mis au lit, ils crient et appellent jusqu'à ce que papa ou maman revienne. Un câlin, on s'assure que tout va bien, on ressort de la chambre... et cela recommence. Voici quelques-unes des questions que vous pouvez vous poser pour mieux comprendre la situation :

— « Mon bébé est-il confortablement installé ? Est-il possible qu'il ait trop chaud, que l'air soit trop sec, qu'il ait le nez bouché ou mal quelque part ? »

— « A-t-il eu le temps de présence et de participation à la vie familiale dont il avait besoin ? L'échange du soir s'est-il bien passé ? »

— « Est-ce que je lui ai donné de bonnes habitudes de sommeil (mise au lit régulière, sans dépendance d'une présence, d'un geste ; respect des petits rites, bon choix de l'heure de sommeil ; etc.) ? »

— « Est-ce que je lui fais confiance pour se débrouiller seul la nuit ? »

— « Est-ce que je sens que mon bébé commence à me "manipuler" ? Dans ce cas, est-ce que j'ai envie d'être ferme ou bien est-ce que je prends du plaisir moi aussi à "jouer les prolongations" ? »

Il est évident qu'il y a des soirs plus difficiles que d'autres. Pour éviter qu'un trouble du sommeil ne s'installe, il suffit le plus souvent de faire preuve de vigilance. En étant attentif, on voit bien lorsque les mauvaises habitudes commencent à s'installer. Pour bébé, une expérience ou deux, si elles ont été plaisantes, suffisent à développer une habitude. Par exemple, si un rhume vous a contraints à intervenir auprès de votre bébé deux ou trois nuits de suite, il

considère que cela doit se reproduire systématiquement, même une fois le rhume guéri. C'est donc
aux parents de remettre vite les bonnes habitudes en
place : bébé s'endort seul dans son lit, d'une manière
qui ne dépend que de lui.

Pour aider bébé à reprendre son rythme et retrouver son bon sommeil, il suffit souvent de :

— régulariser sa vie en lui donnant un rythme
calme, régulier et prévisible, aussi bien dans la journée que le soir ;

— le coucher à heures fixes, en respectant un petit
rituel ;

— lui faire confiance et se faire confiance en tant
que parents, de tenir le cap et d'entourer le bébé de
beaucoup d'affection.

Les siestes

Contrairement au sommeil de nuit, les siestes ne
posent généralement pas de problème. Le bébé profite de la lumière du jour, il entend les bruits de la
maison autour de lui, il sait l'adulte dans les parages :
les enjeux ne sont pas du tout les mêmes. D'autant
que les adultes acceptent plus facilement que les
siestes, plutôt que les nuits, soient écourtées, voire
sautées.

Pour faire la sieste, bébé a juste besoin d'être fatigué. Inutile de fermer les volets ou de faire le silence
dans la maison.

Une fois que l'enfant « fait ses nuits », il se
contente généralement de deux siestes. Leur horaire
dépend des enfants, leur durée également : certaines
siestes durent vingt minutes, d'autres trois heures.
Il n'y a pas grand-chose à y faire. La première sieste

est souvent juste après le petit déjeuner. Celle de l'après-midi débute généralement juste après le déjeuner, au moment où chacun, s'il en avait la possibilité, s'allongerait volontiers.

Vers douze ou quinze mois, le rythme de sommeil et de sieste devient plus régulier et s'organise autour d'une seule sieste, en début d'après-midi. Cela suffit à recharger l'énergie de l'enfant.

Les siestes de milieu ou de fin d'après-midi sont à éviter, dans la mesure où elles peuvent avoir une influence sur la difficulté d'endormissement du soir. Si bébé est trop fatigué pour tenir jusqu'au dîner, un petit somme d'une demi-heure en fin d'après-midi est souvent suffisant. Il est moins gênant de réveiller votre bébé occasionnellement maintenant qu'il est plus grand, surtout si c'est dans le but de l'adapter à la vie du reste de la maisonnée. Si vous devez le réveiller pour que sa sieste n'empiète pas trop sur son sommeil, faites-le à un moment où vous l'entendez remuer, se retourner. Entre deux cycles, il suffit de faire un peu de bruit dans la maison pour que l'éveil soit facile.

Sortir le soir

Il fut un temps où vous pouviez emmener votre bébé partout, chez vos amis, en sortie : il dormait n'importe où tranquillement, dans le porte-bébé contre vous ou dans son couffin. Ce temps-là est terminé. Du jour où bébé « fait ses nuits », son sommeil devient plus fragile et plus sensible aux dérangements et aux modifications d'habitudes.

Cela ne veut pas dire que les parents ne doivent jamais sortir le soir (il est au contraire important de se détendre et de reprendre une vie sociale), mais il devient nécessaire, pendant quelque temps, de modifier ses habitudes en fonction du bébé.

Il y a plusieurs solutions :

— Aller au cinéma à tour de rôle, se faire une soirée « copines » en laissant le papa de garde à la maison, etc.

— Inviter les amis à la maison plutôt que d'aller chez eux avec bébé.

— Faire appel à un(e) baby-sitter, jeune fille (homme) du quartier, voisin(e) serviable ou grand-mère (père) de bonne volonté.

Les lève-tôt

Certains bébés dorment moins que d'autres. Mais, même parmi ceux qui dorment un nombre d'heures tout à fait habituel, certains sont des lève-tôt. Dès l'aube, ils jouent les réveille-matin, exigent un biberon, s'amusent un peu... et parfois se rendorment. Mais pas leurs parents. Ce n'est pas forcément la faim qui les réveille, même si, une fois réveillés, ils se sentent affamés. Ces bébés n'ont aucun problème : leur rythme intérieur est juste calé comme cela pour l'instant. La semaine, cela va encore, puisqu'il faut se lever tôt de toute façon ; mais le week-end, être réveillés à six heures du matin, c'est assez rude...

Tout en respectant un nombre d'heures fixes de sommeil (nécessaires à tous les bébés), certains peuvent gagner à être couchés, régulièrement ou occasionnellement, un peu plus tard le soir. Mais cela marche rarement car un bébé a besoin, pour son équilibre, de garder le même horaire toute la semaine. Le décaler serait une mauvaise idée.

Que votre bébé se réveille gaiement, prêt à faire la conversation et à jouer, ou qu'il se montre irritable et exigeant, la solution la plus simple et la plus évidente consiste à vous lever en même temps que lui. Ce moment partagé, très tôt le matin, avant que la journée de chacun ne commence avec tous ses impératifs, peut être délicieux. Je connais un papa qui, rentrant trop tard le soir pour embrasser son bébé avant qu'il s'endorme, trouve dans ces moments de l'aube l'occasion de créer un lien quotidien avec son bébé, tout en rendant à sa femme le service de la laisser dormir. La deuxième solution simple consiste à se lever à tour de rôle.

Si aucun des deux parents ne voit de plaisir à se lever aux aurores en même temps que bébé, la troisième solution consiste à lui apprendre à patienter gentiment seul dans son lit pour leur accorder un répit.

— Essayez de le convaincre. Chuchotée d'un air convaincu, une phrase comme : « Chut, dodo, ce n'est pas encore l'heure » peut parfois se révéler efficace.

— L'été, s'il vous semble que le bébé est réveillé par la lumière du jour, installez des rideaux opaques. Si ce n'est pas le cas, assurez-vous au contraire qu'il y a suffisamment de luminosité dans la chambre au petit jour pour que le bébé puisse se repérer et jouer. Une simple veilleuse peut suffire.

— Disposez dans le lit de l'enfant, après qu'il s'est endormi, de quoi l'occuper : un miroir pour se sentir en bonne compagnie, quelques jouets différents des peluches habituelles, un tableau de la découverte, des jouets suspendus à un portique, etc.

— Vers dix mois, si bébé se réveille avec une grande faim qui l'empêche de se rendormir, disposez à côté de son lit, à portée de main, de quoi grignoter : un biscuit ou un petit biberon d'eau. Manger est encore ce qui occupe le mieux l'enfant.

— Éventuellement, installez dans la chambre de bébé un radio-réveil, réglé peu après son heure habituelle d'éveil, afin de lui procurer de la compagnie et de l'animation.

La dernière solution, peut-être la plus sympathique, consiste à aller chercher bébé dans son lit et à le ramener dans le vôtre. S'il accepte de fermer les yeux tant il se trouve bien entre ses deux parents, ceux-ci peuvent somnoler un peu. Il n'est pas rare que tout le monde se rendorme. Sinon, c'est une tendre et merveilleuse façon de commencer la journée.

L'angoisse de séparation

Les six ou sept premiers mois de bébé sont marqués par son sourire. Il reconnaît ses parents, les préfère à tout autre adulte, mais ne manifeste pas d'inquiétude particulière à leur départ. Tout humain sympathique a droit à ses risettes et à ses grâces. Vers huit mois, son attitude change. Bébé hurle à l'approche d'une personne qu'il ne reconnaît pas comme un de ses proches et ne trouve d'apaisement que caché dans les jupes de maman ou derrière le pantalon de papa. Toute séparation provoque dorénavant des protestations plus ou moins véhémentes, et toujours douloureuses.

L'angoisse du huitième mois

C'est le nom que l'on donne à cette phase du développement de l'enfant. Cette angoisse est plus ou moins accentuée selon les enfants. Autour de huit mois, le bébé comprend que sa maman, lorsqu'elle le quitte, continue d'exister quelque part, mais loin de lui. Il a d'autant plus de mal à l'accepter qu'il n'est pas encore sûr qu'elle revienne. Il fait également mieux la différence entre ceux qu'il connaît, les familiers, et ceux qui lui sont inconnus, qu'il se met à craindre. C'est pourquoi la peur de l'étranger survient en même temps que la peur de se séparer de maman. Devoir arracher de force des petits bras accrochés à son cou, pour filer, coupable, à son travail, est une expérience assez terrible.

Il est aisément compréhensible que cette angoisse ait des répercussions sur la séparation du soir, lors de la mise au lit. Pourtant, cette étape est nécessaire. Elle joue un rôle important dans le développement intellectuel et affectif de l'enfant. En effet, elle signifie que l'enfant s'ouvre au monde et élargit son espace social. Ce n'est pas un « problème » dont il s'agit de se débarrasser.

Cette période d'angoisse est vécue avec plus ou moins d'intensité selon les enfants. L'inquiétude normale que l'enfant de cet âge commence à ressentir dure quelques mois, puis diminue progressivement. Lorsqu'il aura appris à communiquer, à parler, lorsqu'il aura acquis de la confiance en lui, l'enfant saura faire face à l'inconnu et à la séparation temporaire d'avec ses parents.

Comment réagir ?

ENCOURAGEZ LE SENS DE L'INDÉPENDANCE

Cela a commencé dès la naissance, lorsque vous avez aménagé pour votre bébé un coin à lui, où il peut rêver, jouer et évoluer en toute liberté. N'hésitez pas à le laisser seul de temps en temps, en l'accompagnant de votre voix. Quand votre bébé se déplace, laissez-le évoluer dans la maison et s'éloigner de vous sans votre contrôle direct. Surveillez-le, mais n'intervenez que lorsqu'il demande votre aide ou se met en danger.

JOUEZ À CACHE-CACHE

Dès cinq mois, bébé adore ce jeu qui consiste à cacher brièvement son visage derrière ses mains, puis à les écarter en lançant : « Coucou ! » Ensuite, on se cache derrière un rideau ou une porte. Quand l'enfant se déplace seul, on joue au vrai cache-cache : en se glissant derrière un fauteuil, par exemple, pour être facile à découvrir.

Ces jeux apprennent à l'enfant que l'on peut se séparer en s'amusant, dans la certitude de se retrouver.

HABITUEZ VOTRE BÉBÉ À VOIR DU MONDE

Si votre foyer bruisse souvent de rires, de rencontres, d'amis, de petits cousins, votre bébé aura moins peur des étrangers. Il aura pris l'habitude de passer de main en main et de jouer avec chacun. Mais ce n'est pas pour autant qu'il cessera de crier à l'approche du facteur ou de l'agent de police.

HABITUEZ VOTRE BÉBÉ À LA SÉPARATION ET AU CHANGEMENT...

Tout enfant a besoin d'avoir des contacts avec d'autres adultes et d'autres enfants. Le confier quelques heures à un(e) baby-sitter de confiance, une journée à une voisine ou une halte-garderie accueillante, quelques jours à une grand-mère bienveillante seront des expériences enrichissantes qui lui apprendront à vous quitter sans angoisse.

... MAIS NE LE FORCEZ JAMAIS

Ne permettez pas non plus à une personne inconnue de l'enfant de s'approcher de lui ou de le prendre dans ses bras sans s'être auparavant fait accepter de lui. Ne forcez jamais votre enfant à aller vers une personne inconnue ou quelqu'un qui l'effraie, tant qu'ils n'ont pas eu le temps de faire largement connaissance et de s'apprécier mutuellement.

PRENEZ GARDE À VOS PROPRES ÉMOTIONS

Le petit enfant est très habile pour percevoir ce que ressent sa maman et pour y réagir. Vous êtes triste de le laisser : il le sent. Si ses pleurs vous culpabilisent, cela ne fait que renforcer son inconfort. Il sent que vous hésitez à le laisser : il crie de plus belle. L'enfant ne doit pas sentir qu'il peut vous influencer. Alors gardez un ton calme, rassurant, pour lui dire que vous l'aimez, qu'il va bien s'amuser et que vous reviendrez bien vite.

N'EMPLOYEZ PAS UN(E) NOUVEAU (NOUVELLE)
BABY-SITTER PENDANT CETTE PÉRIODE

À moins que vous ne l'ayez présenté(e) à votre bébé avant qu'il s'endorme et qu'ils aient eu le temps de faire tranquillement connaissance, en la présence des parents.

> « Quand Noémie avait neuf mois, nous sommes sortis dîner chez des amis. Notre baby-sitter habituelle, que Noémie apprécie beaucoup, a eu un empêchement de dernière minute. Pour nous dépanner, elle nous a envoyé une amie, Marjorie. Quand celle-ci est enfin arrivée, Noémie avait dîné et elle dormait dans sa chambre.
> D'habitude, Noémie dort toute la nuit sans se réveiller. Mais là — a-t-elle senti notre absence ? —, Noémie s'est réveillée vers vingt-trois heures et m'a appelée. Marjorie est allée dans sa chambre. Noémie, en la voyant à ma place, s'est mise à hurler. Marjorie l'a levée, lui a expliqué, mais Noémie ne s'est pas rendormie avant notre retour, vers minuit. Dans les trois semaines qui ont suivi, Noémie s'est réveillée chaque soir vers vingt-trois heures, en hurlant. Elle ne se calmait qu'après avoir vu que j'étais bien là. »

ÉVITEZ LES GRANDES SÉPARATIONS DANS SA VIE

De préférence, sachez que ce n'est ni le moment
de partir en vacances sans votre bébé, ni le moment
de reprendre votre travail ou de changer bébé de mode
de garde, à moins de se donner le temps d'une longue
adaptation.

FAITES DU MOMENT DU COUCHER UN MOMENT
SPÉCIALEMENT AGRÉABLE ET RASSURANT

Rappelez à votre bébé que, pendant qu'il dort dans
sa chambre, vous restez, son papa et vous, au salon,
puis que vous allez aussi dormir dans votre chambre.

Dites-lui, et répétez-lui s'il crie et vous rappelle :
« Je suis là, je t'aime, on se revoit demain. » Mais
résistez à l'envie de rester à côté de votre bébé jusqu'à
ce qu'il s'endorme, car cela créerait une habitude dont
il aurait du mal à se défaire.

Le choix de l'objet-fétiche ou doudou

On a vu que vers sept ou huit mois le bébé réalise qu'il est une personne distincte de sa maman.
Celle-ci peut donc ne pas être toujours disponible, se
séparer de lui, voire disparaître plusieurs heures.
Même lorsque maman est là, il y a tous ces moments
où l'enfant est au lit, seul dans sa chambre. C'est à
cette période que le bébé va développer un attachement très fort à un objet (tissu, peluche, poupée, ou
autre) dont le rôle sera de le consoler, de l'aider à
supporter la solitude ou à s'endormir. L'enfant va
choisir cet objet et s'y attacher au point de ne plus

vouloir s'en séparer. Ce doudou l'aidera à lutter contre l'angoisse de séparation. Au bout de quelques mois (ou quelques années), l'objet finira sale, en lambeaux, laid, mais toujours adoré.

L'objet transitionnel

Le doudou, que les psychologues appellent « l'objet transitionnel », ne remplace pas la mère : il met l'enfant en situation de supporter son absence tout en gardant le contact avec elle. Il ne doit sa force symbolique qu'à la présence d'un lien étroit et régulier avec la mère.

Certains enfants remplaceront la possession d'un objet par un mouvement rituel : faire boulocher un lainage, se frotter le nez ou tortiller ses cheveux, sucer son pouce ou se balancer rythmiquement. Tous ces comportements différents sont absolument normaux. Ils doivent être respectés, car ils aident l'enfant à grandir et à trouver son autonomie.

Les règles qui président au choix de l'objet sont assez mystérieuses. Parmi tous ceux qui remplissent son lit, l'enfant va s'attacher à un particulièrement. Souvent à l'insu des parents, qui comprendront après coup que tel oreiller ou telle peluche est devenu(e) indispensable, lorsque l'enfant insistera pour l'emporter partout. On peut seulement dire que les sens de l'odorat et du toucher interviennent certainement de façon prépondérante dans la préférence pour le doudou, dont le choix reste totalement subjectif.

Le doudou, mode d'emploi

• Il n'y a pas de « bons doudous », mais il y en a de plus pratiques que d'autres :

— ceux que l'on peut se procurer en double (très utile en cas de perte) ;

— ceux qui passent à la machine (l'enfant n'aime pas, car le doudou perd son odeur, mais c'est parfois indispensable) ;

— ceux que l'enfant peut facilement retrouver dans l'obscurité de son lit ;

— ceux qui, pas trop volumineux, tiennent dans le sac à main, etc.

• Vous pouvez inciter votre bébé à choisir un doudou pratique, comme une couche en tissu ou une petite taie d'oreiller, en en mettant toujours une sous sa tête, dans son petit lit. Avec un peu de chance, il s'y attachera.

• Dès que le choix de votre bébé s'est porté sur un objet précis, préoccupez-vous de vous en procurer un autre identique. Ne tardez pas : certaines peluches ou poupées de chiffon peuvent cesser d'être fabriquées l'année d'après. Puis donnez à votre bébé tantôt l'un, tantôt l'autre. Ainsi l'état d'usure des deux sera similaire et bébé acceptera volontiers le remplacement.

• Votre bébé s'est attaché à un drap ou à une couverture qu'il traîne partout. Coupez-le(la) en quatre : le morceau sera d'une taille suffisante pour son usage, plus facile à transporter et facilement remplaçable en cas de perte.

• Habituez dès le départ votre bébé à ce que son doudou soit lavé régulièrement.

• Ayez l'œil sur le doudou lors de vos déplacements. Perdre son doudou est pour certains enfants un vrai drame dont ils se souviennent encore à l'âge adulte. Vous l'éviterez en cousant sur le tissu ou en attachant au cou de la peluche un morceau d'extra-fort avec votre numéro de téléphone écrit au stylo indélébile.

• Le risque de perdre le doudou est plus important (et le manque plus difficile à surmonter) si l'enfant ne peut pas faire un pas hors du foyer sans l'emmener. Aussi est-il souhaitable, rapidement, de mettre des limites. Le doudou peut aller dans la voiture, mais pas au supermarché ; partout dans la maison, mais pas au square. Pendant la journée, en dehors de moments particuliers, il reste dans le lit. C'est d'ailleurs la technique appliquée à la crèche ou à la maternelle : le doudou est rangé dans le casier ou le sac à dos. Il n'en ressort qu'en cas de sieste ou de gros chagrin. L'enfant apprend ainsi à s'en passer, à s'intéresser au monde qui l'entoure et à trouver en lui le moyen de s'apaiser. Les mains vides, il s'en sert plus volontiers ; la bouche vide, il trouve mieux ses mots.

• Le doudou réconforte, console et donne du courage. Il est indispensable en cas de chagrin, de coup de fatigue, mais aussi d'événement difficile : comme la visite chez le médecin, par exemple. Il ne faut jamais l'oublier quand on dépose l'enfant chez la nourrice ou chez sa grand-mère.

• Certains enfants sont peu fidèles à leur doudou, d'autres, au contraire, y sont très attachés. Ce n'est pas aux parents de décider de l'usage qu'il doit être fait de cet objet, ni du moment où il convient de s'en débarrasser. Cela se fera tout seul, lorsqu'il aura perdu son rôle de soutien affectif. Cette relation unique que l'enfant développe avec son doudou doit être respectée, quelle que soit la forme qu'elle prend.

• Le doudou, choisi entre l'âge de six et douze mois, entame une histoire d'amour qui durera entre quatre et six ans. Mais il n'est pas rare de voir des enfants de dix ans, voire des adolescents, dormir encore avec leur vieil ours en peluche ou leur lange en lambeaux.

Apprendre au bébé à se calmer seul

Maintenant que vous connaissez bien votre bébé et que la vie quotidienne prend un rythme régulier, vous allez pouvoir établir, pour ses journées, un horaire qui lui convient bien. Cela est possible une fois que la maman a repris son travail et que l'enfant est installé dans son mode de garde, ou dès que chacun a trouvé sa place. L'horaire choisi est forcément issu d'un compromis entre les besoins du bébé, les messages qu'il exprime et les contraintes de la vie. Bébé ne connaît pas les priorités et les exigences sociales, il ne va pas travailler. C'est donc aux parents de prendre l'initiative, en tenant compte au maximum du rythme et du bien-être de leur enfant.

Cet horaire important pour les parents sera d'autant plus facile à installer que bébé saura se calmer, s'occuper et s'endormir sans aide. Les conseils donnés sur la période de la naissance à six mois ont sans doute permis que s'installe cette compétence. C'est le moment idéal pour l'approfondir. En revanche, si, à chaque appel ou cri de votre bébé, vous continuez à vous précipiter pour lui offrir vos bras, le sein ou une tétine, vous allez au-devant de difficultés. Au lieu de développer chez l'enfant le sens de la confiance et de l'estime de soi — que l'on tire du fait d'être capable de s'occuper de soi et de se débrouiller —, vous en faites un bébé demandeur et dépendant, qui croit avoir besoin de vous à chaque instant pour se sentir bien.

Savoir quand intervenir

La première règle est donc celle-ci : laissez votre bébé tranquille tant qu'il ne vous demande rien et qu'il s'occupe en paix. La seconde : s'il vous appelle, avant d'intervenir, donnez-lui une chance de trouver tout seul la solution à son problème. La sagesse parentale consiste souvent, avec un tout-petit, à savoir faire la différence entre les moments où il est indispensable d'intervenir rapidement, ceux où l'on peut différer et ceux où le plus sage est de ne pas intervenir (même si cela demande un certain courage).

Le bébé sait développer de multiples techniques pour se calmer seul et trouver le sommeil :

— Il sait sucer son poing, puis son pouce. C'est la technique la plus répandue, fort efficace car elle satisfait également le besoin de téter, qui est important.

— Il sait regarder autour de lui et se laisser entraîner dans la rêverie par ce qui capte son regard, ce qui bouge.

— Il sait se bercer en se balançant tout seul, selon un certain rythme, apaisant.

— Il sait trouver des gestes qui lui font du bien : frotter son oreille ou son nez, caresser la couverture, frotter le drap entre le pouce et l'index, etc.

— Il sait maintenant se servir de son doudou, enfouir son nez dedans et y trouver la paix et la consolation.

La question de la tétine

UN OBJET UTILE AUX TOUT-PETITS

La tétine est souvent donnée aux petits bébés lorsqu'ils pleurent. Il est incontestable que téter les apaise. Les bébés ont besoin de plus de temps de tétée qu'ils n'en ont lors des repas. Les laisser au sein au-delà du temps nécessaire ou leur donner un biberon de lait supplémentaire n'est pas la solution. Utiliser le sein comme une tétine crée une dépendance qui risque d'être très lourde à assumer pour la maman. Il ne s'agit pas non plus de répondre à toute demande en nourrissant le bébé car cela crée des associations propices à de futurs troubles alimentaires.

Certains bébés trouvent rapidement leur poing, puis leur pouce : ce qui est le meilleur moyen de satisfaire seul ce besoin de téter. D'autres ne le font pas ou n'essaient pas, car la tétine est venue trop vite répondre à leur demande. Ce n'était plus la peine d'apprendre à se débrouiller tout seul : il suffisait de pleurer et la tétine arrivait.

LES INCONVÉNIENTS AU SECOND SEMESTRE

La tétine est donc bien pratique pour répondre au légitime besoin de téter des tout-petits. Le problème survient passé six mois. Tout d'abord, la tétine est associée au fait de se calmer et de s'endormir. Donc bébé la réclame le soir. Mais il la réclame aussi à deux heures et à quatre heures du matin, c'est-à-dire chaque fois qu'il traverse une phase de sommeil léger et qu'il réalise qu'il n'a pas sa tétine. Habitué à ne pas pouvoir s'endormir sans elle, il la cherche. Or, pas un bébé de cet âge n'est capable de retrouver sa tétine dans le noir dans son lit et de la remettre correctement dans sa bouche. Donc bébé appelle, et les parents viennent. Ceux qui ont déjà, des centaines de fois, été réveillés au milieu de la nuit pour chercher dans l'obscurité, à tâtons, une tétine qui a roulé sous le lit, qui vont la rincer, la rendent au bébé et essaient de se rendormir jusqu'au prochain appel connaissent bien ce problème.

Sans compter les nombreuses fois où bébé jette intentionnellement sa tétine par-dessus les barreaux du lit pour mettre ses parents dans l'obligation de revenir ; les fois où la tétine est tombée de la poussette dans le caniveau et où bébé la réclame immédiatement ; les fois où on est dans la voiture, bébé hurle et la tétine est restée à la maison... Il existe maintenant des attaches qui permettent de fixer la tétine au vêtement du bébé : cela diminue le risque de l'égarer, mais ne supprime pas la difficile gestion quotidienne de la tétine.

La conséquence la plus ennuyeuse survient lorsque la tétine de l'enfant devient son objet transitionnel, son doudou (ce qui n'empêche pas la présence obligatoire de l'ours ou du lapin). Dans ce cas, la tétine n'est pas seulement utilisée pour s'endormir. L'enfant la réclame chaque fois qu'il se sent fatigué, contrarié, ennuyé, c'est-à-dire très souvent. C'est ainsi que l'on voit de nombreux enfants, à l'âge où ils n'ont plus besoin de téter depuis longtemps, se promener plusieurs heures par jour la tétine à la bouche.

QUE FAIRE ?

Téter, quand on est un petit bébé, c'est très bien. Et peu importe ce que bébé tète, tant qu'il peut en disposer librement et qu'il est toujours capable d'y revenir seul. Mais associer son apaisement ou son endormissement à un objet dont il n'est pas totalement maître, et vous non plus, cela est dangereux.

Le besoin de téter est important surtout au cours du premier semestre, lorsque bébé doit gérer ses tensions internes. L'attachement à des habitudes et à un objet transitionnel se fait après six mois. Cela tombe bien. La solution consiste donc, si vous avez donné une tétine à votre nouveau-né, à lui apprendre à s'en passer vers l'âge de quatre à cinq mois, six maximum. Ce n'est pas très difficile. À cet âge, la tétine tombe de la bouche du bébé souvent : il n'est donc pas habitué à l'avoir tout le temps, y compris en dormant. Mieux coordonné, le bébé qui ressent encore le besoin de téter est désormais capable de prendre sa main ou son pouce. En quelques jours, l'enfant perd l'habitude de la tétine : ce qui sera beaucoup plus compliqué quelques mois ou quelques années plus tard.

Si le bébé s'est attaché à la tétine pour dormir, le meilleur moyen, pour ne pas avoir à se relever, consiste à en mettre plusieurs dans un petit panier accroché au lit, où le bébé pourra se servir au fur et à mesure de ses besoins.

Questions de parents

L'enfant qui n'a pas de doudou

« Mon petit Cédric, onze mois, ne s'est attaché à aucun jouet en particulier, contrairement à ses frères aînés qui ne s'endormaient jamais sans un léopard pour l'un, une petite couette pour l'autre. Le soir, je lui propose une peluche, il est d'accord, mais on dirait que cela l'indiffère. Est-ce normal ou ai-je raté quelque chose ? »

Le choix préférentiel pour tel jouet ou tel autre peut se faire plus tard, vers dix-huit mois. Mais surtout, tous les enfants n'ont pas de doudou. En cherchant bien, il est fréquent que l'on trouve quelque chose de très discret — un geste, par exemple — qui fait office de « consolateur ». Le pouce, la tétine ou le petit biberon donné pour s'endormir peuvent aussi jouer le rôle de l'objet transitionnel.

On ignore pourquoi certains enfants, plutôt rares, n'ont aucun objet transitionnel. Ce qui est sûr, c'est que personne n'a mis en évidence de nettes différences sur le plan du développement général ou psychologique entre ces enfants et ceux qui traînent derrière eux un vieux nounours éventré. Donc tout va bien pour Cédric.

Emmener bébé en vacances

« Nous devons partir bientôt en vacances dans une résidence familiale avec Tom, qui a huit mois. Cela peut-il perturber son sommeil ? »

Le sommeil des bébés est suffisamment fragile pour pouvoir être troublé par tout événement survenant dans leur vie. Des vacances entraînent un changement de lieu, d'ambiance, d'environnement social, de rythme de vie... Toutes ces choses auront probablement des répercussions sur le sommeil de Tom.

Voici quelques conseils afin que tout se passe au mieux :

— Maintenez identique tout ce qui peut l'être : les petits draps du lit ; l'heure des repas, des siestes et de la mise au lit ; le rituel du coucher ; etc.

— N'oubliez ni le doudou ni les quelques jouets favoris qui occupent le lit à la maison.

— Essayez d'assurer à votre enfant le calme nécessaire pendant ses heures de repos.

— S'il dort dans votre chambre, installez son petit lit le plus loin possible du vôtre. S'il vous voit dormir à côté de lui, il sera plus tenté de vous réveiller.

— C'est souvent une fois revenu à la maison que le bébé a le plus de mal à retrouver son rythme. C'est une attitude rassurante, une régularité d'horaires et une gentillesse ferme qui aboutissent au meilleur résultat. Même si elles ont été bousculées, il suffit de quelques jours pour reprendre les bonnes habitudes.

La sortie des dents qui perturbe le sommeil

« Estelle, à dix mois, "sort" ses premières dents. Cela semble bien douloureux et sa gencive est rouge et enflée. Elle se réveille la nuit et m'appelle. Ne dois-je pas aller la soulager ? »

Tous les bébés font l'expérience gênante de la sortie des premières dents. C'est un inconfort certain, une douleur pas forcément. Mettre les réveils de nuit de cette période sur le compte des dents n'est pas toujours pertinent. Si vous pensez qu'Estelle est suffisamment gênée pour se réveiller la nuit, allez la voir. Sans la sortir du lit, posez une main réconfortante sur elle en lui disant : « Tu as mal, je sais, mais tu peux te rendormir, cela va passer. » Dès qu'elle se calme, ressortez rapidement de la chambre si vous ne voulez pas qu'elle prenne l'habitude de vous y voir la nuit.

Si cela ne suffit pas, il se peut que votre médecin vous conseille un médicament antidouleur. Mais attention : des dents sortent très souvent et il n'est jamais bon de prendre l'habitude des médicaments. Les gels à appliquer en massage sur les gencives peuvent être une alternative douce — à essayer.

Si Estelle se réveille plusieurs fois par nuit ou plusieurs nuits dans la semaine, les dents ne sont probablement pas en cause. Il se peut qu'elle ait développé une infection douloureuse : comme une otite, par exemple. Il se peut aussi qu'Estelle n'ait rien de grave, mais juste l'envie de passer un moment agréable en votre compagnie. Dans ce cas, mieux vaut lui expliquer que c'est une bonne idée, mais que ce n'est pas le bon moment.

L'enfant de un à trois ans

À partir de l'âge de un an, le sommeil de l'enfant se stabilise physiologiquement. Le nombre d'heures de sommeil diminue peu. Les heures de coucher et de lever vont peu se modifier pendant des années.

Tout va pour le mieux ? Oui, si on oublie que l'enfant, à cette période, traverse une phase d'opposition.

Un sacré caractère

Durant ces deux années, les découvertes de l'enfant vont être nombreuses dans tous les domaines. Sa curiosité est sans fin, son enthousiasme et son énergie aussi.

C'est une période sensible pour de nombreux apprentissages.

Quelques repères dans le développement de l'enfant

L'enfant n'est plus un bébé, il devient un grand. De passif, il devient actif. Il va faire de gros efforts pour développer son indépendance et son autonomie. « Moi tout seul » va devenir une de ses phrases favorites — ce qui ne l'empêche pas de revenir se « coller » à sa mère lorsqu'il veut retrouver son « port d'attache ».

Ses relations sociales deviennent plus riches : son père prend une grande importance. Il découvre les copains, mais leurs relations sont souvent empreintes d'agressivité. Il enrichit beaucoup sa palette émotionnelle : frustration, sentiments d'impuissance et d'injustice, rivalité et jalousie, provocation (pour apprendre), conflits intérieurs (d'où colère, trépignements, rage) ; mais aussi charme, humour, tendresse... un petit être pétillant d'intelligence et de vivacité.

• **Entre douze et dix-huit mois,** le grand événement, c'est la marche. Cette occupation est exclusive, au point que le reste piétine, voire recule, notamment le langage. En conséquence :

— Il va voir ce qui l'intéresse ; il est occupé, remuant, d'une énergie incroyable.

— Il découvre les interdits et les limites : « Ne va pas là ! », « Ne touche pas à ça ! »...

— Il ne supporte pas d'être immobilisé : dans un lit à barreaux, par exemple.

• **De dix-huit mois à deux ans,** c'est l'âge terrible du touche-à-tout. Il veut tout voir, tout essayer, tout examiner : la bouteille de détergent, le tube de rouge à lèvres, les allumettes. Il fait beaucoup de bruit et de désordre. La seule solution consiste à le mettre en

« liberté surveillée » : se tenir à portée de main ou de voix, mais n'être pas toujours sur son dos. Il faut se souvenir qu'à cet âge-là, on appelle souvent « bêtise » un geste guidé par l'intelligence (par exemple, démonter un réveil). L'enfant n'est ni vilain ni méchant, même quand il se relève dix fois alors que c'est l'heure de dormir. Il ne doit pas être grondé trop fort pour les conséquences de ses explorations ou quand il pousse l'adulte à bout.

• **L'enfant de deux à trois ans** a une personnalité plus calme. Il commence à jouer à « faire semblant » et s'intéresse de plus en plus aux autres. Il est parfois la proie de peurs et d'inquiétudes qui vont retentir sur son sommeil. Les rituels du soir deviennent très importants, la présence du doudou et tout ce qui peut le rassurer aussi.

Un sommeil parfois difficile

Le sommeil est sous la dépendance de la vie quotidienne. Or, celle de ces deux années est riche en événements et pleine de rebondissements, qui bien sûr se répercutent sur les nuits de l'enfant. Les cauchemars apparaissent. Plusieurs éléments de l'éducation vont aussi contribuer au bon déroulement de la mise au lit et du sommeil, ou au contraire créer des difficultés.

LA CRISE D'OPPOSITION

Vers quinze ou dix-huit mois, l'enfant atteint une phase très importante de son développement psychique. Il se sent accéder au statut de personne à part entière et souhaite que nul ne l'ignore. Pour cela, il va tenter d'imposer sa propre volonté en face de celle de l'autre. C'est la grande période du « Non ».

L'enfant sait depuis un moment déjà que ce petit mot a une grande valeur : prononcé d'un ton sérieux par papa ou maman, il stoppe tout élan et empêche beaucoup de « projets » prometteurs. Alors il le reprend à son compte. Cela donne des soirées qui ressemblent à ceci :

« Tu vas mettre ton pyjama ! — Non.

— Tu vas au lit ! — Non.

— Tu veux qu'on lise une histoire ? — Non. »

Même s'il adore cela et que, tout bien réfléchi, il vient déposer trois livres sur vos genoux. Cette période est donc l'une de celles qui demandent aux parents le plus de patience et d'humour. Les refus et les provocations sont, chez certains enfants, quasiment permanents. Garder son calme n'est pas toujours facile.

LE LIT-MENACE

Aller au lit à huit heures, quand les grands restent au salon, ce n'est déjà pas drôle. C'est quitter la lumière, le bruit, les parents, l'animation, pour se retrouver dans le noir et la solitude. Se coucher, même fatigué, même en aimant son lit, est toujours une frustration. L'enfant a forcément l'impression qu'il va rater quelque chose d'important. Il est mis à l'écart du cercle familial : ce qui est pénible.

Mais aller au lit devient carrément insupportable si cela est vécu comme une punition. C'est l'impression qu'a l'enfant s'il entend, la journée ou le soir, des réflexions comme : « Si tu n'es pas sage, tu vas au lit ! » ou « Puisque c'est comme ça, demain tu te coucheras à huit heures ! »

Le lit cesse d'être un endroit de plaisir, un lieu confortable et intime où l'on vient reprendre des forces, pour devenir l'objet d'une menace, le lieu de la punition, l'endroit où l'on met l'enfant insupportable dont on veut se débarrasser. Il ne faut pas s'étonner, ensuite, si celui-ci répugne à aller se coucher lorsque c'est l'heure.

Une précision : la chambre, avec le lit, si l'enfant peut librement y entrer et en sortir, peut tout à fait être un lieu où l'on demande à l'enfant de se retirer un moment, le temps de se calmer ou de finir une dispute ou une colère. Il peut être nécessaire d'imposer un moment d'isolement, à condition que l'enfant puisse revenir au milieu de la famille une fois sa « crise » terminée ou lorsqu'il le souhaite.

L'ATTITUDE ÉDUCATIVE

J'ai eu souvent l'occasion de réfléchir avec des parents sur leur rôle. Beaucoup me racontaient qu'il leur répugnait d'avoir à se fâcher. Après une journée de travail, chacun aspire à se détendre. Les parents sont heureux de rentrer chez eux, de retrouver leur(s) enfant(s). Ils ont envie de beaucoup de choses — se relaxer, prendre un bain, regarder les informations à la télévision, préparer un bon petit dîner —, mais certainement pas se fâcher ou entrer dans un rapport de forces.

Le petit enfant, lui, est dans son rôle lorsqu'il demande des choses inhabituelles ou refuse de faire celles qui lui sont demandées. Il sait qu'il risque le « Non », la dispute, mais cela vaut quand même le coup d'essayer. Pour lui, il y a toujours quelque chose à apprendre. Il préfère encore cela à l'indifférence.

S'opposer à un petit enfant obstiné réclame beaucoup d'énergie : ce que les parents, le soir, n'ont pas toujours. Ce sont des situations qui, souvent, finissent mal : chacun est fâché, l'enfant fait une colère, le parent se sent énervé, rejeté et incompétent. Si bien que la solution choisie consiste souvent à dire oui quand il faudrait dire non.

De guerre lasse, les parents finissent par céder et faire ce que veut l'enfant.

À cours terme, ils ont la paix. À long terme, c'est une erreur :

— L'enfant qui a obtenu une fois voudra obtenir une deuxième fois. Ce que les parents ont autorisé le lundi, ils auront encore bien plus de mal à l'interdire le mardi. « D'accord, mais uniquement pour aujourd'hui » est une phrase qui n'a pas de sens pour un enfant de deux ans. Il ne sait pas encore ce qu'est la règle : comment connaîtrait-il les exceptions ?

— L'enfant, qui sait qu'il est tout petit dans un monde très grand et compliqué, ne se sent pas du tout rassuré par des adultes qui font ce qu'il veut et changent d'avis dès qu'il insiste un peu.

C'est aux parents que revient la responsabilité de fixer des règles raisonnables, pour le bien de chacun des membres de la famille, et de les faire appliquer. Ce n'est pas toujours facile ni agréable. Mais passé la première année, le rôle des parents ne se limite plus à faire des câlins et à répondre aux demandes de l'enfant. Il est aussi de savoir l'éduquer : ce qui revient souvent à le frustrer dans l'instant et à lui déplaire. Leur tâche n'est pas de se faire aimer de l'enfant, mais de le faire grandir.

L'heure d'aller au lit

Des horaires réguliers

Il est inutile d'y revenir longuement. Rappelons seulement que la régularité est la clé d'un bon sommeil et d'un bon équilibre global de l'enfant. Il est impératif de réguler les horaires de l'enfant en fonction de ses besoins internes, autant qu'il est possible et dans la mesure où cela est compatible avec la vie quotidienne. Puis il faut s'y tenir.

La régularité du sommeil est importante car elle fonctionne comme une base qui conditionne d'autres fonctions internes. Il est préférable, par exemple, que les heures de sommeil (nuit et siestes) déterminent les horaires des repas, plutôt que l'inverse. Ce n'est pas parce qu'on a dîné tôt qu'on va pouvoir coucher l'enfant de bonne heure, mais parce qu'il se couche à vingt heures qu'on va le faire dîner à dix-neuf.

De la même manière que le sommeil conditionne d'autres équilibres, un dérèglement des horaires de sommeil peut entraîner d'autres dérèglements en chaîne.

D'une manière générale, dans notre société, les petits enfants sont couchés trop tard. Les horaires de travail des parents, les tâches domestiques en fin de journée, le temps que l'on souhaite passer avec ses enfants... tout cela mis bout à bout fait que les soirées s'éternisent et que les mises au lit des petits deviennent difficiles. Trop fatigués, trop énervés, ils n'arrivent plus à « décrocher ».

Le bon moment pour s'endormir

C'est un moment que chacun vit dans son propre corps. Ralentissement du niveau d'activité, bâillements, sensation d'avoir les paupières qui tombent. On sent bien que, si on se couchait tout de suite, on pourrait s'endormir. Chez le petit enfant, c'est le moment où il va rechercher son doudou, prend son pouce et enferme son ours dans ses bras. À table, il pique un peu du nez sur son assiette. Tous ces effets témoignent de la bonne régulation thermique de l'organisme. Lorsque la température interne baisse — ce qui est le cas le soir —, chacun ressent l'envie de se blottir sous la couette et de ne plus bouger.

Les enfants qui refusent l'idée d'aller se coucher vont lutter contre les marques du sommeil. Ils vont compenser la lassitude qu'ils ressentent en s'excitant davantage. Un petit enfant énervé et hyperexcité le soir témoigne en réalité de son haut degré de fatigue et de son besoin de repos. Il est important de ne pas s'y tromper, même si l'enfant lui-même est convaincu du contraire.

Le bon moment pour se lever

La vie sociale impose aux enfants des rythmes qui ne sont pas les leurs. Certains doivent être réveillés à l'aube, pour être déposés chez l'assistante maternelle ou à la crèche, plus tard à l'école, alors qu'ils auraient volontiers dormi davantage. On comprend que leurs réveils soient souvent difficiles et grognons. En plein milieu de cycle de sommeil, l'éveil est beaucoup plus pénible qu'entre deux cycles, lorsqu'il est spontané. Il est alors important de laisser un peu de temps à l'enfant, quelques minutes, entre le moment où on le réveille et le moment de son lever. Il a besoin de se mettre en route doucement.

Dans la mesure du possible, mieux vaut réveiller l'enfant un peu plus tôt mais à la fin d'un cycle, au lieu de le laisser dormir au maximum sans tenir compte de son rythme. Gagner ainsi quinze ou trente minutes de sommeil n'est en fait pas un service à lui rendre. Des matins familiaux agréables et paisibles sont liés, inévitablement, à la qualité du sommeil et de l'éveil de chaque membre de la famille.

Les lève-tôt

À l'inverse, certains petits enfants continuent à se réveiller et à appeler très tôt, y compris les dimanches et les vacances, alors que les parents aimeraient profiter d'un peu plus de sommeil. Voici quelques idées pour les faire patienter :

— Faites semblant de dormir. Vous n'avez rien entendu. Au bout de quelques minutes, il est probable que votre enfant renonce à vous appeler et décide de jouer tout seul.

— Préparez, à portée de main de l'enfant, un petit panier plein de jouets différents de ceux avec lesquels il joue habituellement, qui ne sont accessibles qu'à ce moment de la journée. L'enfant les trouvera en se réveillant et sera heureux de les explorer. Parmi ces jouets, glissez un vieux paquet de cartes à jouer. Cela assure quinze minutes d'occupation minimum !

— Déposez la veille au soir, à portée de sa main, quelque chose à manger et à boire : bol avec quelques céréales sèches, biberon de jus de fruits, morceau de fruit, etc. Rien de tel que de grignoter pour occuper un petit enfant.

— Prévenez votre enfant qu'il n'est pas temps de se lever ou de vous appeler tant qu'il ne fait pas jour, ou tant que vous ne venez pas dans sa chambre, ou tant que la petite aiguille n'est pas en face de la gommette rouge, etc.

— Autorisez une fin de nuit dans votre lit, à condition que l'enfant s'y rendorme et n'y fasse pas la java.

— Avec les plus grands, vous pouvez installer un radio-réveil dans la chambre de l'enfant. Branchez-le sur une station agréable, puis réglez-le sur l'heure où vous souhaitez que votre enfant se lève : une heure légèrement plus tardive que son heure de réveil habituelle pour commencer. Puis prévenez-le qu'il ne doit pas sortir de sa chambre tant que la musique ne s'est pas mise en route. Quand l'habitude sera prise, vous pourrez modifier l'heure en fonction de ce qui convient le mieux pour l'ensemble de la famille. Il ne s'agit pas du tout de réveiller l'enfant, mais de lui indiquer quand il est temps pour lui de vous rejoindre. Pour l'aider à patienter, n'oubliez pas de mettre dans sa chambre de quoi grignoter.

L'utilisation du radio-réveil se révèle aussi efficace lorsqu'on souhaite pouvoir dormir un peu plus longtemps le samedi ou le dimanche matin. On prévient l'enfant qu'il peut se lever et jouer dans sa chambre tranquillement s'il le veut, mais qu'il ne doit pas en sortir ou appeler ses parents tant qu'il n'entend pas la musique.

— Soyez souples et prenez patience. Cela ne dure pas. Soit le rythme de sommeil de l'enfant évolue : il se fatigue davantage, il fait moins de siestes et dort plus la nuit. Soit il apprend à se lever, à faire son petit déjeuner et à mettre en route ses cassettes favorites. Autonome le matin, il vous laisse dormir.

Les siestes

Les siestes sont indispensables aux petits enfants qui ont besoin de ces pauses de sommeil dans la journée pour être en forme. Ils en ont même davantage besoin qu'ils ne le croient. La vie leur offre tant d'aventures et d'explorations, que certains ont bien du mal à admettre la nécessité de s'arrêter pour se reposer.

Jusque vers douze ou dix-huit mois, les enfants font généralement une sieste le matin et une l'après-midi. Puis la sieste du matin disparaît d'elle-même. Mais cela dépend beaucoup des besoins de sommeil des enfants, de leur rythme, du temps de sommeil de nuit, etc. Certains feront une sieste l'après-midi jusqu'à l'âge de quatre ou cinq ans, d'autres se contenteront d'un moment de calme dès l'âge de deux ans. Certains dorment une demi-heure, et se rendorment ou non ; d'autres peuvent dormir deux ou trois heures. Il n'y a pas de norme.

Il est faux de penser que dormir l'après-midi empêche de bien s'endormir le soir. C'est même parfois l'inverse. Faire la sieste évite l'accumulation de tension et de fatigue nerveuses, tellement préjudiciables à l'endormissement. Il est connu qu'un enfant trop fatigué s'énerve au lieu de se détendre. Des études physiologiques ont également montré que la sieste favorisait la bonne qualité du sommeil tout au long de la nuit, en évitant un déficit en sommeil profond.

Bien sûr, si l'enfant fait une sieste de trois heures qui se termine à dix-sept heures, il risque de n'avoir pas sommeil à vingt. C'est pourquoi il est préférable de coucher l'enfant le plus tôt possible après le déjeuner et que la sieste ne dure pas plus de deux à trois heures, afin qu'il y ait encore du temps pour des activités permettant de se dépenser physiquement avant le soir.

On constate fréquemment que l'amélioration des troubles du sommeil entraîne une réapparition de la sieste. Comme si l'enfant, réconcilié avec le sommeil et le fait d'aller se coucher, acceptait la sensation de fatigue et retrouvait le plaisir de se reposer l'après-midi.

Se mettre au lit pour la sieste ne demande pas la mise en place d'un rituel ou d'un accompagnement particulier. Mais une routine est toujours la bienvenue. Il est utile de profiter du moment où le sommeil apparaît, mais il n'est pas nécessaire de faire l'obscurité ou le silence dans la chambre.

Le rituel du soir

Pour la plupart des enfants, l'heure d'aller au lit est une heure difficile. Le rituel est l'un des moyens les plus efficaces pour lutter contre l'angoisse du soir et le refus du coucher.

L'intérêt du rituel

Établir un rituel, cela consiste à accompagner l'enfant au lit de manière semblable chaque soir. Le rituel rend le moment d'aller au lit plus agréable et plus facile pour l'enfant comme pour les parents.

Il a une fonction rassurante qui aide l'enfant à décrocher de ses activités du jour et lui permet de bien s'endormir. Il assume aussi une fonction de transition, aidant l'enfant à passer de la veille au sommeil. Il faut le temps du câlin, de l'histoire et des paroles conjuratrices, de toutes ces petites habitudes qui permettent de ramener le calme et d'instaurer une ambiance détendue.

Plus l'enfant grandit, plus il tient à ce que l'enchaînement du rituel soit le même chaque soir. Aussi est-il important de s'y tenir, y compris les week-ends et en vacances. Cet aspect prévisible du rituel rassure beaucoup l'enfant et facilite la séparation.

Il est tout à fait normal de consacrer entre quinze et trente minutes au coucher de son enfant. Ainsi, il n'a pas l'impression que ses parents veulent se débarrasser de lui en vitesse avant le début du film à la télévision et il risque moins de se relever.

De quoi se compose le rituel ?

Voici quelques idées que vous pouvez inclure dans le rituel, si vous le souhaitez. L'idéal est un rituel individualisé, qui tient compte des impératifs et du confort de chacun. Et même si papa et maman ont leur propre façon de faire lorsqu'ils assurent le rituel à tour de rôle, il est préférable que la ligne générale et le timing restent similaires.

• Ramenez le calme. S'arranger pour que les activités qui précèdent la mise au lit soient calmes et agréables est généralement nécessaire pour que celle-ci se passe sereinement. Attention aux enfants qui s'excitent du fait de la fatigue ! Mettre un enfant au lit dans les cris et la contrariété ressemble trop à une mise à l'écart pour que cela se passe bien de part et d'autre.

• Prévenez l'enfant que l'heure approche. Si l'enfant se couche à vingt heures et que le rituel dure quinze minutes, prévenez-le vers dix-neuf heures trente qu'il va devoir bientôt arrêter son jeu et aller se coucher. L'enfant a généralement horreur des transitions : prévenir aide à anticiper le changement d'activité, alors mieux supporté. Assez vite, l'enfant saura de lui-même repérer l'heure que vous lui indiquerez sur la pendule.

• L'eau chaude détend, même sous la douche. Se laver puis mettre un pyjama confortable et doux est une bonne manière de se détendre et d'entamer le rituel.

• Si l'enfant a dîné tôt ou léger, un petit snack peut l'aider à tenir toute la nuit sans manger. Certains aliments aident au sommeil : un bol de lait chaud, une demi-banane, une tisane de tilleul ou de fleur d'oranger avec une cuillerée de miel, un biscuit, par exemple.

• Le brossage des dents, qui commence régulièrement vers l'âge de deux ans ou plus tôt selon l'avancée de la dentition, est généralement l'étape suivante. C'est le moment de brossage le plus important de la journée, celui qui va éviter que les bactéries ne finissent par provoquer des caries dans les petites dents toutes neuves. L'enfant doit retenir qu'on ne mange plus rien le soir, après s'être brossé les dents. Seul le verre d'eau est sans risque.

• La lecture de l'histoire peut commencer dès l'âge de un an, si l'enfant aime cela. On s'installe confortablement, l'enfant dans ses bras, dans un endroit intime et confortable. Plus l'enfant est jeune, plus il est recommandé de choisir des livres adaptés, sereins, non susceptibles d'engendrer inquiétudes ou cauchemars.

« Encore une ! » : c'est ce que dit chaque enfant à la fin de l'histoire, quand on referme le livre. Il appartient donc aux parents de fixer une limite à laquelle ils se tiendront : trois livres ou dix minutes de lecture — ce qui leur paraît raisonnable. Au dernier, on prévient l'enfant : « D'accord, on lit encore celui-ci, mais après c'est fini. » Et c'est effectivement fini, sauf à ouvrir la porte à des demandes sans fin.

Comme ils aiment les routines immuables, les petits enfants aiment entendre toujours les mêmes histoires. Puisque c'est leur bonheur, pourquoi les en priver ? Un monde où l'on peut prévoir ce qui se passe à la page d'après, c'est tellement rassurant.

Si vous vous sentez capable d'inventer des histoires plutôt que d'en lire ou si vous préférez inventer les textes plutôt que de suivre ceux de l'auteur, surtout n'hésitez pas ! Des histoires « sur mesure », personnalisées, avec un vocabulaire adapté, c'est bien sûr ce qu'il y a de meilleur.

• Le câlin tranquille est souvent l'étape suivante. Dans les bras, tendrement, on peut écouter une cassette de musique relaxante ou de berceuses. Vous vous souvenez de celles de votre enfance ? Chantez-les. Votre voix vaut mieux que tous les disques. On peut aussi se parler doucement des événements du jour. C'est un moment pour les confidences. On peut, ensemble, faire le point sur la journée, revenir sur les instants de plaisir que l'on a eus. C'est un moment pour les mots d'amour.

• Puis on couche les peluches et on dit bonsoir à tout le monde. Certains enfants ont besoin de savoir que tout le monde dort : cela rend leur endormissement plus naturel. Le rituel qui consiste à dire bonsoir à tout ce qui fait leur environnement les aide à se coucher. Le parent peut accompagner l'enfant pour qu'il dise bonsoir à papa, à maman, aux frères et sœurs, aux animaux de la maison, aux peluches et aux poupées, au soleil... Là aussi, il faut savoir mettre un terme.

• L'enfant se couche enfin, avec la peluche préfé-rée à côté de lui, le visage enfoui dans le doudou. Si vous le sentez fatigué et prêt à s'endormir, éteignez la lumière. Certains enfants ont besoin d'une veilleuse ou que la porte reste entrebâillée. Pourquoi pas ? Si l'enfant n'a pas encore tout à fait sommeil (dans le cas de plusieurs enfants d'âges et de rythmes diffé-rents dans la même chambre, par exemple), il n'y a aucun problème à le laisser libre de lire encore un petit livre ou manipuler un jouet, tant qu'il le fait cal-mement et ne réclame plus votre présence. Quand le sommeil viendra, il regagnera son lit et s'endormira. À la réflexion : « Je n'ai pas sommeil ! », il est plus simple de répondre : « Eh bien, tu dormiras plus tard, je te demande juste de rester calme dans ton lit (ou dans ta chambre). Maintenant, ce n'est plus l'heure des enfants. Si tu es sage, je reviens te faire un bai-ser dans dix minutes. »

Comment conclure ?

Un dernier baiser sur la tête. Une phrase magique qui peut aider l'enfant à se projeter le lendemain, au-delà de la nuit (« Bonne nuit, dors bien. On se voit demain matin », par exemple). Puis on sort de la chambre tranquillement, avec l'intention de ne pas y revenir.

Rester à côté de l'enfant jusqu'à ce qu'il dorme, éventuellement en lui tenant la main, serait une erreur. D'une part, cela prive l'enfant d'une occasion d'apprendre à s'endormir seul. D'autre part, cela inclut dans la phase d'endormissement un élément qui rend la présence du parent indispensable. Si l'enfant se réveille la nuit, il aura à nouveau besoin de la main ou de la présence de sa mère pour se rendormir. Mieux vaut un rituel qui se termine lorsque l'enfant est réveillé, afin qu'il s'endorme seul.

Résistez encore plus au fait de vous coucher à côté de votre enfant. Outre le fait que vous risqueriez de vous endormir en premier, vous risquez, paradoxalement, d'aggraver ses difficultés d'endormissement. Vous n'avez pas à être son doudou.

Que faire si l'enfant proteste ?

Il y aura certainement des moments où votre enfant fera tout ce qu'il pourra pour faire durer le rituel : encore une histoire, encore un baiser, encore un verre d'eau... Il est bien difficile de résister. Votre attitude va alors dépendre de la rigidité de votre rituel, de votre tempérament, de votre quotidien. Si vous avez passé la journée avec votre enfant, vous saurez certainement mieux mettre un terme à ses réclamations que si vous avez l'impression de l'avoir très peu vu.

Il est généralement admissible d'entrer un peu dans le jeu de l'enfant en lui accordant un ou deux rappels. Mais aller au-delà n'est pas lui rendre service. L'enfant découvre qu'il peut faire faire à ses parents ce qu'il veut, même s'ils disent l'inverse. Si c'est l'anxiété du soir qui le motive, revenir sans cesse ne contribue en rien à le rassurer, au contraire. Au bout d'un moment, il est normal de faire preuve de fermeté, ne serait-ce que pour protéger un moment de détente dans ses soirées : « Encore un baiser, mais c'est le dernier. Après, je ne reviendrai plus. On se fera d'autres baisers demain. »

La peur du noir, la peur des monstres

La tombée du jour nous rend vulnérables. Les malades et les gens dépressifs en témoignent. Enfants, nous avons tous connu la peur du noir. Sommes-nous pour autant bien placés pour rassurer nos enfants ?

Quand survient la peur de l'obscurité ?

Jusque vers deux ans, il n'y a pas de problème : l'enfant ne se plaint pas lorsque ses parents éteignent la lumière en sortant de sa chambre, le soir, après un dernier baiser. Puis, un jour, il commence à réclamer que la lumière reste allumée dans la chambre ou le couloir, que la porte reste entrebâillée. Parfois même l'enfant se réveille au milieu de la nuit et on le trouve assis dans son petit lit, tremblant de peur. Il parle de loups, de monstres, de voleurs, d'un mauvais rêve ou seulement d'une peur sans objet.

Sur le moment, les parents d'aujourd'hui sont plutôt surpris. Eux qui ont pris soin de ne jamais menacer du croque-mitaine, qui n'ont jamais lu à leur enfant *La Chèvre de M. Seguin* et n'ont raconté *Le Petit Chaperon rouge* que dans sa version expurgée, avec un grand luxe de précautions, se trouvent désarçonnés par les peurs de leurs petits enfants, qu'ils qualifieraient volontiers de sornettes.

Car si les loups se font rares, les peurs, elles, sont restées. Si les sorcières n'existent pas, la peur, elle, existe « pour de vrai ». Elle vient d'ailleurs. Les histoires effrayantes que l'on racontait aux enfants n'en sont pas la cause, mais peut-être la conséquence.

L'habitude de faire dormir les petits enfants dans l'obscurité totale est relativement récente. Curieusement, elle date de l'avènement de l'électricité et de l'interrupteur. Elle est apparue en même temps que l'habitude de les faire dormir seuls dans leur chambre. Il semble bien que l'on ait depuis sous-estimé les besoins qu'ont les petits enfants et négligé les conditions qui leur assurent un sommeil paisible.

Rares sont les enfants qui, entre deux et cinq ans, n'ont pas peur de l'obscurité pendant un temps. Cette anxiété banale va se traduire par un refus du coucher, une crainte de rester seul, des pleurs... et une venue en douce dans le lit parental.

Comment expliquer la peur du noir ?

Il s'agit d'une peur qui apparaît communément à une étape charnière du développement de l'enfant : lors d'un nouvel apprentissage, par exemple, ou lors de la mise en place d'un changement de vie. Les causes de cette peur sont multiples. L'enfant la mettra volontiers sur le compte d'un cauchemar, du monstre qui est caché sous le lit ou de la crainte des voleurs. Vers trois ans, l'enfant est doté d'une imagination fertile qu'il va mettre au service de ses inquiétudes.

Les raisons profondes sont autres. L'obscurité entraîne la perte des repères. L'enfant ne voit plus ceux qui l'aiment et le rassurent, mais il ne voit plus non plus son environnement familier. Le monde qu'il commençait à organiser et à construire dans sa tête semble avoir disparu.

Une autre cause de cette peur est l'angoisse de séparation, qui reste très vive jusque vers quatre ans. Le soir, on se retrouve face à soi-même ; l'obscurité de la nuit, c'est l'heure où chacun se sent le plus seul, le plus fragile. En grandissant, l'enfant va développer des défenses lui permettant de faire face à cette anxiété. Vers six ans, il sera davantage capable de différencier le réel, ce qui est possible, de l'imaginaire. Alors capable de tenir ses pensées effrayantes à distance, il craindra moins l'obscurité.

Que faire ?

LE SOIR, LAISSER UN ÉCLAIRAGE

Parmi les conditions qui assurent un sommeil paisible, le fait de pouvoir se repérer dans l'espace lorsque l'on se réveille au milieu de la nuit compte pour beaucoup. S'il fait noir, l'enfant est perdu. Souvent, il va appeler ses parents pour qu'ils viennent le rassurer. Mais s'il voit suffisamment, grâce à une petite lumière qui vient de la veilleuse ou du couloir, il va vite sortir de son rêve en reconnaissant sa chambre, se remettre dans le sens du lit, récupérer son ours et se rendormir. Quand il n'aura plus de couches, il osera, seul, se lever pour se rendre jusqu'à son pot ou aux toilettes : ce qu'il ne fera pas dans le noir complet avant plusieurs années. Laisser une veilleuse à l'enfant ne nuit pas à son autonomie, mais au contraire la renforce. Dès qu'il sait s'en servir, confiez à votre enfant une lampe de poche. Il pourra, depuis son lit, explorer tous les recoins sombres de sa chambre pour faire fuir les monstres.

LA NUIT, AIDER À CHASSER LES VISIONS

Si votre enfant vous appelle à la suite d'une peur, commencez par allumer doucement la lumière (le rhéostat, qui permet de contrôler l'intensité lumineuse, est un bon investissement). Aidez-le à se rassurer : retrouver son espace, ses peluches, les objets quotidiens. Montrez-lui qu'il n'y a personne d'autre que vous. Murmurez à son oreille quelques phrases positives magiques, qu'il pourra se répéter une fois seul : « Tout va bien, papa et maman sont là, rien ne peut t'arriver, tu es en sécurité, tout va bien. » Quittez la chambre quand l'enfant est calmé, mais sans attendre qu'il s'endorme.

LE JOUR, LUI DONNER CONFIANCE EN LUI

On dit que les problèmes de la nuit se résolvent le jour. Comment ?

— En parlant avec l'enfant de ses peurs, mais sans jamais se moquer de lui ou le ridiculiser.

— Si l'enfant est assez grand, en lui demandant de dessiner ses peurs : on combat mieux ce que l'on connaît bien.

— En jouant avec lui à l'aveugle ou à colin-maillard : cela permet d'apprivoiser les sensations que l'on a dans le noir.

— En dialoguant avec lui. On en profite pour expliquer à l'enfant que ces peurs sont fréquentes à cet âge. Elles signalent qu'il grandit, qu'il doit renoncer à des choses de sa petite enfance : cela, parfois, fait peur. Les peurs disparaîtront quand il grandira et qu'il se sentira plus fort. En attendant, ses parents sont là pour veiller à sa sécurité.

— En sachant le rassurer. Quand l'enfant manifeste une peur, l'attitude des parents doit lui permettre de reprendre le dessus. Pour cela, il faut ne pas avoir peur de sa peur, mais lui montrer que l'on peut y faire face tranquillement. Là comme ailleurs, rien de tel que l'exemple pour aider son enfant.

Questions de parents

L'enfant qui se cogne la tête contre les barreaux de son lit

« Mon petit garçon de 17 mois, Raphaël, a une habitude qui nous inquiète beaucoup, son père et moi : au moment de dormir, il cogne sa tête de manière régulière contre les barreaux de son lit. »

Ce comportement est à rapprocher d'autres comme se tortiller les cheveux, se balancer sur les genoux et les coudes, etc. Il s'agit de gestuelles que l'enfant développe afin de relâcher ses tensions intérieures et de se calmer, afin de pouvoir trouver le sommeil. Ces mouvements « transitionnels » sont assez proches de la réassurance que l'enfant peut trouver avec son doudou. Ce sont des comportements que l'on constate surtout le soir, chez des enfants très actifs. Chez des enfants équilibrés et bien dans leur peau, ils ne sont pas inquiétants.

Je conçois bien qu'en tant que parents vous ayez du mal à comprendre et à supporter cela. Vous imaginez que votre bébé s'inflige une douleur : ce qui est inacceptable. Pourtant, l'en empêcher ou le forcer à arrêter n'est pas une bonne idée : cela pourrait créer un problème là où il n'y en a pas. Que faire alors ? Réduire les effets, en attendant que Raphaël arrête tout seul : ce qui se produit généralement vers l'âge de trois ans. Voici comment :

— Assurer à l'enfant une vie si possible exempte de stress et de tensions inutiles. Lui donner toute l'attention et l'affection dont il a besoin.

— Lui offrir des occasions multiples de se détendre et de vider son énergie pendant la journée.

— Atténuer les effets : éloigner le lit du mur, pour éviter le bruit, et tendre un entourage de lit là où l'enfant cogne sa tête, pour éviter la douleur.

L'enfant qui se promène la nuit dans la maison

« La semaine dernière, j'ai entendu des bruits de voix au milieu de la nuit. Inquiet, je me suis levé pour voir ce qui se passait. J'ai trouvé notre fille de vingt mois, Mylène, assise sur le canapé devant la télévision allumée ! Maintenant qu'elle sait se lever de son lit, comment faire en sorte qu'elle y reste ? »

Commencez par vous assurer que, dans sa chambre, Mylène est en parfaite sécurité. Puis expliquez-lui que, si elle se lève la nuit, elle doit absolument rester dans sa chambre. Pour vous en assurer, vous pouvez fermer sa porte ou — ce qui est moins traumatisant pour elle — installer une barrière comme celle que l'on place en haut des escaliers. Laissez-lui une petite veilleuse.

Assurez-vous aussi que toutes les portes de la maison — notamment celles de la cuisine, la salle de bains et la salle de séjour, ainsi bien sûr que la porte qui donne dehors — sont bien fermées et que Mylène ne peut pas les ouvrir sans aide. Pour la question du téléviseur, il vous suffit de mettre la télécommande hors d'atteinte ou de ne pas laisser l'appareil sous tension. Ce n'est pas seulement une question de danger physique : il n'est pas souhaitable qu'un enfant de l'âge de votre fille regarde seul la télévision au milieu de la nuit.

Les enfants qui se comportent ainsi sont souvent ceux qui ont pris l'habitude de se rendre dans la chambre de leurs parents la nuit, pour y trouver du réconfort. Le fait de se promener seul dans les couloirs est devenu une habitude, que je vous conseille de retourner. Si Mylène appelle, pour un malaise ou un cauchemar, c'est à vous de vous déranger et non à elle de vous rejoindre. Si elle vient dans votre chambre, raccompagnez-la rapidement dans la sienne en lui demandant fermement de ne pas en bouger.

L'enfant qui a perdu son doudou

« Maxime, deux ans et demi, a perdu son doudou, un léopard en lambeaux qu'il adorait littéralement. Malgré tous nos efforts, nous n'avons pas pu le retrouver. C'est un drame pour lui. Que pouvons-nous faire pour l'aider ? »

Quand le doudou suit l'enfant partout, les risques de perte sont très importants et les conséquences « dramatiques ». Quand on a pris l'habitude de ne s'endormir, de ne se consoler et de ne faire passer le temps qu'avec son doudou dans la main, dans la bouche ou contre son visage, comment vivre désormais ?

L'enfant réclame, il semble inconsolable. Bien plus qu'un jouet ou une peluche comme les autres, c'est une part de lui-même qu'il a égarée. Il prêtait des pouvoirs magiques au doudou, qui lui permettait de supporter les aléas de l'existence et les frustrations quotidiennes. Avec lui, il se sentait fort ; sans, il est perdu.

Connaissant les risques, il aurait été sage de prévoir un double. Dans le cas présent, il vous reste à aider l'enfant à surmonter cette expérience douloureuse :

— Ne minimisez pas sa tristesse, au contraire, montrez-lui que vous comprenez l'importance de la perte pour lui. Son émotion est légitime, prenez-la en compte : « Je sais que c'est dur pour toi, tu l'aimais beaucoup ton doudou... »

— Sans son doudou, il est plus difficile de se séparer de maman. À la crèche ou chez l'assistante maternelle, confiez-lui un petit foulard ou un mouchoir à vous, parfumé d'une goutte de votre eau de toilette.

— Les premiers soirs, restez un peu plus près de lui pour l'aider à s'endormir : en lui tenant la main, par exemple. Proposez-lui de choisir parmi ses peluches celle qui saurait lui tenir compagnie et suggérez-lui de la tenir dans ses bras.

En quelques jours, votre petit enfant aura séché ses larmes et jeté son dévolu sur un autre objet. Peut-être saisira-t-il cette occasion pour se passer de dou-dou ? Ce qui est certain, c'est que cette perte — et le travail psychologique que l'enfant fait pour la dépasser — est aussi une bonne occasion de grandir et de se sentir plus fort.

L'enfant de trois à cinq ans

Ces années correspondent, en gros, à celles que l'enfant passe à l'école maternelle. Le sommeil devient plus facile, plus régulier. Le sommeil de nuit, ritualisé, est bien installé. L'opposition au coucher est moins importante et les parents recueillent les fruits de leurs efforts. La sieste tend à disparaître. Pourtant, quelques difficultés risquent encore d'apparaître, qui demandent de rester vigilant. Des jours où l'enfant résiste au fait d'aller se coucher, par exemple, sont très fréquents chez certains.

Les années « charme »

Vers trois ans, l'enfant devient plus raisonnable. Mais la route vers l'indépendance n'est pas linéaire ni toujours facile. Tantôt l'enfant est calme, confiant en lui-même, tantôt il semble régresser vers des attitudes de bébé qui, rebelle ou anxieux, vient se rassurer dans les bras de maman. Moins coléreux, il apprécie beaucoup la présence des autres, que ce soit la famille ou les copains. En leur absence, il s'invente un ami imaginaire.

On sent l'enfant désireux d'être gentil, de faire plaisir. Mais il ne veut pas laisser oublier qu'il a ses propres désirs et exigences. Le choix des vêtements, par exemple, peut être particulièrement éprouvant.

Le matin comme le soir, il entend (trop ?) souvent ces deux mots : « Dépêche-toi. » Mais lui n'a pas du tout envie de se presser, pour finir son petit déjeuner ou pour s'habiller, pour aller à l'école ou pour aller se coucher. D'où des tensions familiales qui peuvent se répéter jour après jour.

Au-delà des différences individuelles, on peut dire que quatre ans est un âge d'équilibre. L'enfant se sent bien ; il est actif et curieux de tout, partant pour tous les projets, infatigable. Mieux situé dans le temps, il peut lui arriver de se faire du souci pour l'avenir et de se montrer pensif. Cinq ans est l'âge du conformisme. L'enfant a intégré les règles : il aime montrer qu'il sait les appliquer correctement. Il est fier de bien faire et soucieux d'être approuvé. Cette « sagesse » lui demande des efforts. À d'autres moments ou dans d'autres lieux, l'enfant peut se comporter comme une terreur. Tout cela est complètement normal.

Face à un enfant qui commence à devenir raisonnable et raisonneur, on peut parler franchement. C'est le moment d'exprimer à votre enfant très clairement ce que vous attendez de lui et pourquoi. Les luttes de pouvoir ne servent pas à grand-chose. L'enfant passe beaucoup de temps à mesurer « jusqu'où il peut aller trop loin ». Il cherche à comprendre comment vous réagissez à ses tentatives d'indépendance. Une expression positive, même ferme, est toujours mieux ressentie qu'une colère de votre part.

Les problèmes de la nuit, s'il en subsiste, se résolvent le jour : trouvez un moment calme et favorable pour exprimer ce que vous pensez et ce que vous attendez de votre enfant. N'oubliez jamais de le féliciter de ses progrès.

Un coucher paisible

Rares sont les petits enfants qui vont spontanément se coucher à l'heure dite, sans tenter de faire durer un peu. Leur notion de « l'heure du lit » est bizarrement beaucoup plus tardive que celle de leurs parents. La fatigue n'y change rien. Même épuisés, certains courent et sautent partout comme s'ils étaient montés sur ressort. D'autres acceptent de se coucher, mais se relèvent ensuite pour réclamer de faire pipi ou un bisou, de boire, mettant la patience des parents à rude épreuve. Bien souvent, ces mises au lit interminables sont seulement le fruit de mauvaises habitudes, heureusement rattrapables. Les bonnes tiennent en cinq points...

Trouver le bon horaire

Le bon horaire pour se coucher, c'est lorsque « le marchand de sable » passe. Nous avons vu précédemment les signes qui accompagnent sa venue. À partir de trois ans, l'enfant est tout à fait capable de les repérer lui-même. Il peut se sentir fier de déterminer l'heure où il doit éteindre sa lampe, selon ce qu'il ressent.

En revanche, c'est toujours aux parents de déterminer les heures de début et de fin du rituel, et le moment où l'enfant se retrouve tranquille dans sa chambre. Il est plus facile de fixer une heure, en accord avec les contraintes familiales, qui sera régulière. Rappelez-vous que ce qui est énoncé comme une loi (« Les enfants se couchent à huit heures ») prête moins à opposition que ce qui semble « le fait du roi » (« Il est tard, tu vas au lit »).

L'enfant peut tout à fait, dans cette tranche d'âge, avoir la liberté d'allumer sa lampe de chevet et lire un petit livre avant d'éteindre pour dormir. Cette confiance qui lui est faite est importante pour obtenir le calme.

Établir le rituel : pipi, les dents, au lit !

Les petits aiment les habitudes. Une fois un ordre établi pour la mise au lit, le déroulement et l'heure fixés, il n'est plus nécessaire d'y revenir. C'est l'enfant lui-même qui enchaînera les étapes. Lavage des dents, lecture de l'histoire, gros câlin, extinction des feux... À vous de trouver ce qui convient, en fonction du rythme de la maison. Puis ne déviez plus, sauf raison exceptionnelle (visite de mamie, soirée spéciale, etc.).

Ramener progressivement le calme

Inutile d'essayer d'endormir un enfant excité comme une puce. Non seulement il aurait du mal à y parvenir, mais il risquerait de se réveiller la nuit. Vous avez sûrement remarqué qu'un petit enfant est le plus souvent incapable de se calmer seul. C'est pourquoi le temps qui précède la mise au lit doit être réservé à une activité de détente. Après le dîner, privilégiez un petit jeu calme, un échange en famille : la lecture d'une histoire, par exemple. Certains enfants apprécient qu'on leur masse le dos : ce qui est une merveilleuse manière de les détendre.

Sortir de la chambre d'un pas décidé

Le rituel se termine : la petite histoire est lue, les poupées sont couchées, le câlin est fait. Il est temps d'éteindre la lumière, de se souhaiter une bonne nuit et de sortir de la chambre de l'enfant. Faire traîner au-delà du nécessaire traduirait une hésitation dont l'enfant s'emparerait aussitôt pour demander une rallonge. Votre petit a besoin de sommeil, il est en sécurité dans son lit : sortez sans culpabilité. C'est justement votre certitude qui va le convaincre.

Faire face aux rappels avec fermeté

Très souvent, vous aurez droit aux rappels : « Encore un bisou ! », « J'ai soif ! », « J'ai peur ! », « Je veux faire pipi ! », etc. Si votre enfant sait que vous allez céder, cela n'en finira pas. Avant de quitter la chambre, faites le point : le verre d'eau, le pipi, le bisou, tout est O.K. Alors sortez pour ne plus revenir, ou bien une seule fois si tel est le « jeu » mis en place. Au-delà, votre enfant sait qu'il peut vous manipuler et il ne s'arrêtera pas. Si vous revenez, vous montrez votre propre angoisse de séparation. Gentillesse et fermeté rassurent l'enfant et lui permettent de s'endormir calmement.

La question de la sieste

La plupart des petits enfants arrêtent de faire la sieste l'après-midi entre trois et cinq ans. Cela dépend de leurs besoins physiologiques, ainsi que de l'organisation de leurs journées et du temps de sommeil de nuit.

L'arrêt de la sieste

La transition complète vers une organisation des journées sans sieste peut s'étaler sur plusieurs semaines, voire plusieurs mois. Certains jours l'enfant dort, d'autres jours il se repose, d'autres encore il refuse absolument de s'allonger. Certains font la sieste à l'école, puisque tout le monde se couche et qu'il n'y a rien d'autre à faire, mais la refusent à la maison, où les aînés ne se couchent pas. Pour d'autres, c'est l'inverse : ils dorment à la maison parce qu'ils y sont au calme, dans leur propre lit, et ils la refusent à l'école où il faut s'allonger par terre.

Le temps de sieste dépend en partie du temps de sommeil de nuit. Un enfant qui dort onze heures par nuit, d'un bon sommeil régulier, peut probablement mieux se passer d'un repos dans la journée que celui qui ne dort que neuf heures, par exemple, parce qu'il est couché un peu tard ou levé un peu tôt.

Comme toute période de transition, celle-ci est un peu délicate. Avant que le nouvel équilibre soit trouvé, l'enfant peut être un peu ronchon et imprévisible. Les horaires de ses repas vont peut-être devoir être modifiés : pour lui permettre de dîner plus tôt, par exemple.

La mise en place d'une routine quotidienne l'aidera. À vous de choisir :

— Soit vous préférez que votre enfant cesse de faire la sieste. C'est le cas si vous espérez qu'il se couche un peu plus tôt et le soir, par exemple. Vous devez alors vous attendre à quelques soirées difficiles, avec un petit enfant très fatigué, énervé, qui aura du mal à tenir jusqu'à la fin du dîner.

— Soit vous préférez que votre enfant continue à se reposer. C'est le cas si vous pensez qu'il aurait du mal à tenir jusqu'au soir, ou si vous-même avez besoin d'un moment de calme dans la maison. Établissez alors une routine qui inclut le fait de s'allonger un moment et de se reposer, même si on ne dort pas.

Prendre un peu de repos

Il n'existe aucune technique, aucun truc, pour faire dormir un enfant qui n'en a pas envie. En revanche, il dépend de vous qu'il continue, chaque début d'après-midi, à se reposer un peu. Certains jours il s'endormira, d'autres non. Ce moment de repos permettra que les fins d'après-midi ne soient pas trop agitées.

Voici quelques conseils pour que ce temps de repos ait une chance de l'être et ne suscite pas trop d'opposition :

— Bannissez de votre langage les mots « sieste » et « dormir ». Remplacez-les par quelque chose de neutre comme « rester au calme un moment ».

— Exigez de votre enfant qu'il passe tout ce temps de repos au même endroit.

— Fixez une durée pour ce repos, et promettez à votre enfant que vous l'appellerez quand ce sera l'heure. Puis faites-le. Sinon, c'est lui qui vous demandera, toutes les cinq minutes : « C'est l'heure ? Je peux me lever ? » Au besoin, faites sonner un réveil dans sa chambre. Vous pouvez aussi y mettre une pendule et lui indiquer la position des aiguilles quand il est l'heure de se lever.

— Pour un enfant qui ne dort plus, vous pouvez installer un lecteur de disques dans sa chambre ou à proximité. Mettez un disque calme, qu'il aime bien. À la fin du disque, environ une heure plus tard, il peut se lever.

— Tout lieu est bon pour prendre un moment de repos, pourvu que l'enfant y soit au calme. Par exemple : le lit de quelqu'un d'autre ; une tente d'Indiens ; un sac de couchage sur la moquette ou le tapis ; sous une petite table recouverte d'un grand drap ; une tente improvisée dans le jardin ou sur la terrasse.

Les événements qui ont une influence sur le sommeil

Tous les événements qui surviennent dans la vie de l'enfant sont susceptibles d'avoir des répercussions sur son sommeil. Certains événements heureux, comme un séjour des grands-parents à la maison ou un séjour de vacances, ont un rôle d'excitation qui peut rendre l'endormissement difficile. Ils sont également susceptibles de modifier les horaires et la routine.

D'autres événements créent chez l'enfant une inquiétude ou différentes émotions désagréables, qui vont avoir comme conséquence de le tenir éveillé ou de provoquer des cauchemars. Les couchers, comme les réveils, seront plus pénibles. C'est le cas de la naissance d'un petit frère ou d'une petite sœur, d'une maladie (de l'enfant ou d'un proche), d'une hospitalisation, d'un déménagement, d'un changement d'école ou d'instituteur, de disputes entre les parents (voire d'une séparation), d'un deuil dans la famille, etc. Voici deux événements banals, fréquemment causes de perturbations de sommeil...

Le changement de lit

Un jour ou l'autre, l'enfant devient trop grand pour son petit lit. À moins de l'avoir installé dans un lit évolutif, dont on peut enlever les barreaux et agrandir le matelas, l'enfant va devoir changer de lit pour passer dans un lit de grand, qu'il gardera peut-être jusqu'à ce qu'il quitte la maison.

Le petit enfant ressent des sentiments contradictoires face au fait de changer de lit. D'une part, il a hâte de le faire : dormir dans un grand lit, c'est le signe indubitable qu'on est un grand et l'enfant ne rêve que de cela. D'autre part, il est encore très attaché à son petit lit qui fut le témoin de tant de moments de vie. C'est un lit bien rassurant, quand on se sent encore tout petit : ce qui arrive bien des fois. Aussi ce changement de lit, pour ne pas perturber le sommeil de l'enfant, demande-t-il quelques précautions :

— Choisissez le bon moment. Quand l'enfant est d'accord pour ce changement. Quand sa vie est, par ailleurs, dans une période plutôt stable : pas lors d'un changement d'école ou de maison, pas au moment de l'apprentissage de la propreté de nuit, par exemple.

— Préparez le changement en ôtant un des côtés des barreaux si le lit le permet, puis en autorisant l'enfant à dormir par terre sur son ancien matelas : c'est-à-dire dans des situations qui ressemblent de plus en plus à son futur lit. L'enfant apprend à situer son corps en le centrant par rapport au matelas, donc à ne pas rouler hors du lit. Puis vous pouvez, au besoin, lui proposer de dormir d'abord sur le nouveau matelas posé par terre, pendant quelques jours.

— Si vous achetez un nouveau lit, emmenez l'enfant avec vous pour le choisir. Au besoin, faites un premier repérage puis emmenez l'enfant lorsqu'il ne s'agit plus que de choisir entre les deux ou trois que vous avez sélectionnés.

— Faites participer l'enfant au choix d'une jolie paire de draps ou d'une housse de couette, avec un dessin qui lui plaît, une couleur qu'il aime, son personnage favori.

— Faites le lit avec l'enfant, en ayant soin de garder son oreiller, s'il en a un maintenant, et tous les éléments « personnels » auxquels il tient, avec les peluches bien sûr.

— Si votre enfant semble impatient de dormir dans son nouveau lit et tout à fait d'accord pour remiser l'ancien, pas de problème : démontez ce dernier. En revanche, si l'enfant semble hésitant et que la pièce le permet, vous pouvez laisser les deux lits cohabiter quelques jours. Dans le grand, on lit l'histoire, on fait des câlins, on fait la sieste. Dans le petit, on dort la nuit. La durée de cette phase de transition dépend entièrement de l'enfant. Il n'y a aucune raison de le bousculer. Quand il est prêt, on démonte le petit lit et on lui dit au revoir.

— Quoi que tente l'enfant (« Maintenant que je suis dans un grand lit, je peux rester au salon le soir »), maintenez le rituel du soir aussi stable que possible. S'il essaie de faire durer la mise au lit en vous demandant de revenir sans cesse pour un baiser ou un verre d'eau, cela témoigne d'une inquiétude passagère. Votre calme et votre fermeté vont le rassurer et éviter que s'installe un enchaînement sans fin de réclamations dans les jours et les semaines qui viennent.

S'en tenir à l'habitude établie et donner à l'enfant, dans la journée, toute l'attention et tout l'amour dont il a besoin est l'attitude qui assure le bien-être de chacun.

La vie à l'école

Les petits enfants, entre trois et cinq ans, sont généralement ravis d'aller à l'école et amoureux de leur institutrice ou de leur instituteur. L'école maternelle est pour eux un lieu d'épanouissement et de découvertes. Mais les premiers temps demandent un effort d'adaptation et d'ajustement. Il est fréquent que l'enfant s'agrippe au parent qui le dépose à l'école — ce qui ne veut pas dire qu'il ne passe pas ensuite une bonne journée. Cette adaptation a des répercussions normales sur le sommeil, puis tout rentre dans l'ordre.

Même si l'enfant se plaît à l'école et qu'il y vit de riches expériences, il peut lui arriver de traverser des moments pénibles. L'école maternelle, et tout particulièrement la cour de récréation, n'est pas un endroit aussi serein qu'on le voudrait.

Il y a les demandes de la maîtresse ou du maître que l'on ne parvient pas à satisfaire, ses reproches alors qu'on voudrait tant lui plaire. Il y a la maîtresse qui n'est pas là quand on aurait besoin d'elle ou qui interdit qu'on aille chercher son doudou quand on a un chagrin. Il y a les copains qui bousculent, qui embêtent, qui crient, qui ne veulent pas jouer avec vous, qui abîment votre dessin. Il y a tout ce qu'il faut comprendre, réaliser, apprendre, retenir ; les efforts nécessaires pour ne pas parler fort, pour rester assis tranquille en classe, pour se retenir quand on a envie de faire pipi. Il y a la cantine, tellement bruyante, où l'on ne sert que des choses que l'on n'aime pas, avec des dames qui vous obligent à finir votre assiette. Il y a la fatigue. Bref, une multitude de raisons de se faire du souci et de repenser à tout cela, dans son petit lit, le soir.

Questions de parents

Frères et sœurs : des horaires différents ?

« Lisa a cinq ans et sa sœur Rose presque trois ans. Elles partagent la même chambre. Jusqu'ici nous n'avions aucun problème pour les coucher. Mais depuis quelque temps Lisa revendique, en tant qu'aînée, de se coucher plus tard. Nous ne savons pas ce qu'il est juste ou préférable de faire. »

En ce qui concerne la simplicité de l'organisation familiale, il est clair que coucher vos filles à la même heure est la meilleure solution. Proches en âge, leurs besoins de sommeil sont sensiblement les mêmes, surtout si Rose fait encore la sieste. La revendication de Lisa tient à l'idée qu'elle se fait de son statut d'aînée et des privilèges qu'elle espère légitimement en tirer, plus qu'à une prise en compte de ses besoins biologiques. Assimiler le fait d'être l'aînée au droit de rester plus longtemps éveillée, avec les parents au salon, risque d'accréditer l'idée qu'aller au lit est une triste chose réservée aux bébés. Dès qu'on grandit, on y échappe. Cette vision des faits, outre qu'elle peut entraîner des problèmes de résistance au sommeil, risque d'augmenter le niveau de rivalité entre vos filles.

Le rituel prend du temps. En enchaîner deux serait probablement excessif. Il paraît raisonnable de demander à vos deux filles de se laver les dents en même temps, de se déshabiller ensemble, etc. Les histoires choisies peuvent convenir aux deux, ou tantôt plus à l'une, tantôt plus à l'autre. Le rituel aboutit naturellement à la mise au lit et l'endormissement. Si

Rose ne semble pas prête à s'endormir au moment du coucher de vos deux filles, vous pouvez lui confier une petite lampe et l'autoriser, sans déranger sa sœur, à regarder un livre.

Peut-être que Rose réclame non pas tant le droit de se coucher plus tard, mais la possibilité de partager un moment seule avec ses parents, hors de la présence de sa sœur. Tous les enfants se disent un jour qu'ils auraient aimé être enfants uniques pour avoir toute l'attention de leurs parents, sans partage. Ils ont tous besoin d'un moment d'intimité, seul avec papa ou avec maman, parfois avec les deux. C'est le moment du câlin, un temps pour se sentir unique et important dans le cœur de celui qu'on aime, un temps pour les secrets et les confidences. Il est donc important que le rituel, commun aux enfants, inclue un moment de solitude avec chacun. Cela peut aussi se passer au cours de la soirée.

Le lit passe au puîné

« Je vais accoucher dans trois mois. Notre aîné, Antonin, a trois ans. Dans quelques mois, nous le changerons de lit : il aura un lit de grand et nous donnerons le lit à barreaux au bébé. Y a-t-il des précautions particulières à prendre ? »

Pour un enfant de trois ans, avoir un petit frère ou une petite sœur est une joie que l'on partage avec les parents et une grande aventure. Mais c'est aussi une épreuve émotionnelle qui n'est pas facile à vivre. L'enfant a conscience qu'il va devoir, dorénavant, partager le temps de ses parents, leur attention et leur affection. Il avait tout, maintenant le bébé va en prendre une grande partie. C'est difficile mais c'est inévitable. Si en plus le bébé lui prend ses jouets et son lit, alors là, rien ne va plus ! C'est pourquoi je vous conseille de mettre dès maintenant Antonin dans un grand lit, afin qu'il ait le temps de s'y habituer avant la naissance. Il est préférable qu'il n'y ait pas de lien apparent entre les deux événements. Antonin grandit, il passe dans un grand lit, le petit lit est démonté. Dans six ou huit mois, quand le bébé aura l'âge de quitter le berceau pour le lit à barreaux, Antonin sera complètement habitué à son nouveau lit. Il sera sûrement d'accord quand vous lui proposerez de remonter son « ancien lit de bébé » pour son petit frère ou sa petite sœur.

Les dessins animés du matin

« J'avais pris l'habitude, depuis quelque temps, de laisser Marine, quatre ans, prendre son petit déjeuner et s'habiller devant la télévision le matin. Cela me permettait d'être tranquille pour me préparer moi-même. Mais depuis deux semaines, je constate qu'elle se lève de plus en plus tôt. Quand mon réveil sonne, je la trouve déjà devant la télévision. Cela ne risque-t-il pas d'empiéter sur ses besoins de sommeil ? »

La télévision a un tel pouvoir de fascination sur les enfants qu'ils préfèrent la regarder plutôt que de dormir. C'est vrai évidemment le soir, où ils resteraient bien devant le poste plutôt que d'aller se coucher. Mais les programmes du soir ne sont pas pour eux et les parents sont souvent plus intransigeants. Le matin, les dessins animés s'enchaînent. Marine est tranquille pour regarder ses programmes, personne ne l'embête. Elle y prend tellement goût qu'elle se lève de plus en plus tôt pour profiter de ce moment agréable.

La conséquence sur son temps de sommeil est évidente, surtout si Marine ne fait plus la sieste l'après-midi. Vous pouvez la coucher plus tôt le soir, si cela est compatible avec l'organisation familiale et si elle s'endort. Vous pouvez aussi l'empêcher de regarder la télévision en votre absence, notamment pendant que vous dormez. Il suffit pour cela de mettre le téléviseur hors de tension ou de cacher la télécommande. Informez votre fille que, si elle se réveille avant vous le matin, elle doit rester dans sa chambre en vous attendant. Marine est trop jeune pour décider seule du temps qu'elle passe devant la télévision.

Les troubles du sommeil

70 % des enfants de deux ans ne veulent pas aller se coucher.

30 à 50 % des enfants de deux ans se réveillent au moins une fois la nuit.

40 % des enfants de quatre ans font au moins un cauchemar par quinzaine.[1]

Nous avons là toute l'ampleur et la palette des difficultés de sommeil des petits enfants. Il faut savoir que ce sont souvent les mêmes enfants qui font tout une histoire pour se coucher, puis se réveillent plusieurs fois dans la nuit, et ne peuvent se rendormir sans l'intervention de leurs parents. Ces derniers mettent longtemps avant de réaliser que ce n'est plus normal à l'âge de leur enfant. Ils se sentent fréquemment coupables de leur lassitude, de leur énervement

1. Chiffres extraits de *Votre enfant*, Dr Lyonel Rossant, Robert Laffont, 1987.

et de leur besoin de dormir. Leur réaction est souvent dictée par cette culpabilité.

Le refus de se coucher, les réveils nocturnes bruyants, le fait de venir se glisser dans le lit parental, telles sont les manifestations principales des troubles du sommeil. Les parents sont le plus souvent épuisés et totalement désarmés.

Pourtant, ce ne sont pas les troubles les plus anciens et les plus bruyants qui sont les plus difficiles à résoudre. Ceux qui ne résultent que d'une mauvaise compréhension des mécanismes du sommeil et de la psychologie de l'enfant, c'est-à-dire 80 % d'entre eux, cèdent le plus souvent en moins d'une semaine.

Quand les parents sont bien décidés à faire cesser la situation et qu'ils ont compris comment procéder, celle-ci s'arrange rapidement, au grand soulagement de chacun, enfant compris.

Les principales raisons
des troubles du sommeil

Les mauvaises habitudes

Si un enfant d'un an et demi, joyeux et en bonne santé, n'a encore jamais dormi une nuit entière calmement et tranquillement, il ne souffre de rien de grave. Inutile, dans 99 % des cas, de s'inquiéter pour sa santé physique ou psychologique. Il n'a aucun problème grave. Il a juste pris de mauvaises habitudes. Pour dire les choses autrement, les bonnes habitudes qui permettent endormissement et nuit sereine n'ont pas été mises en place.

Une question d'interactions

Crier le soir ou la nuit depuis leur lit, c'est ce que font les petits enfants qui veulent attirer l'attention de leurs parents et les faire revenir auprès d'eux, quelle qu'en soit la raison. La manière dont les parents vont répondre à cet appel est déterminante pour la suite des événements.

C'est pourquoi on considère généralement que les troubles du sommeil n'ont pas pour origine le seul enfant. Ni ses seuls parents, d'ailleurs. La difficulté est presque toujours due à un enchaînement d'interactions entre l'enfant et ses parents autour de la question du sommeil. Passé six mois, le bébé va vite comprendre qu'il suffit de quelques cris lancés dans l'obscurité pour que maman vienne et apporte avec elle attention, câlins, réassurance, parfois même un sein bien rempli, toutes choses fort agréables à quatre heures du matin. Tellement agréables, que cela vaut la peine de recommencer à appeler le lendemain, le surlendemain, puis ensuite deux fois par nuit si possible. Si les parents ne sont pas capables, à ce stade, de mettre un terme aux demandes de leur bébé et de lui expliquer fermement que la nuit est faite pour dormir, c'est comme s'ils l'autorisaient à continuer à se réveiller la nuit.

Les petits enfants, nous l'avons vu, se réveillent plus ou moins entre chaque cycle de sommeil. Le parent anxieux qui se précipite, allume la lampe, prend l'enfant dans ses bras et le cajole pense bien faire. En réalité, sans le vouloir ni le réaliser, il est en train de perturber les capacités de l'enfant à se rendormir seul. Bien souvent, sans intervention des parents, l'enfant se rendormirait très bien après avoir râlé un peu. Et il ne serait pas tenté de recommencer le lendemain pour les faire venir à nouveau.

Un enfant qui a appris que ses cris lui permettaient :
— de voir ses parents plus longtemps ;
— de rester au salon avec eux ;
— de dormir dans leur lit ;
— d'avoir des câlins à toute heure ;

— de séparer ses parents afin d'avoir l'un ou l'autre pour lui tout seul...
cet enfant va continuer à crier. Il y trouve de tels bénéfices qu'il serait bien idiot d'arrêter.

C'est donc tout à fait illusoire de penser que les troubles du sommeil disparaîtront tout seuls. Ils cesseront lorsque l'enfant n'aura plus rien à y gagner.

Ce qui est appris peut être désappris

Il peut être difficile pour les parents de comprendre que leur enfant a « appris » à faire traîner le coucher et à les appeler la nuit ; et que leur attitude est à l'origine de cet apprentissage. Quand le bébé a faim ou froid, quand il a mal aux dents ou aux oreilles, il crie pour exprimer son malaise. Que les parents répondent et lui viennent en aide est bien normal : l'enfant apprend qu'il est aimé, qu'il est dans une bonne famille où l'on prend soin de lui, où l'on fait ce qu'il faut quand il est en détresse.

Mais souvent il continue à appeler alors qu'il est guéri, pour le seul plaisir de voir ses parents la nuit. Si eux continuent le jeu, l'enfant apprend autre chose : que ses parents sont à sa disposition, qu'il peut en faire ce que bon lui semble, qu'il lui suffit de crier pour être satisfait dans ses moindres désirs. Certains parents conçoivent ainsi leur rôle : cela les regarde. Simplement, cela risque d'être fatigant et de durer longtemps.

Crier la nuit est un comportement spontané du bébé. Mais combien de fois et pendant combien de temps, cela résulte d'un apprentissage. De même que les parents ont appris à leur petit enfant à faire des baisers ou à dire merci, ils lui ont appris qu'il avait besoin d'eux pour s'endormir et se rendormir. Alors il appelle. Inutile de culpabiliser de cet « excès d'amour et d'attention ». Il suffit de comprendre les mécanismes. Ce qui a été appris peut être désappris et remplacé par de nouvelles habitudes, plus appropriées au calme de la maison.

Les règles de l'apprentissage

Les deux principales qui interviennent ici sont la loi des associations et la loi des renforcements.

LA LOI DES ASSOCIATIONS

Quand nous sommes habitués à ce que deux choses se déroulent simultanément, lorsque nous percevons l'une, nous nous attendons à l'autre. Par exemple, nous sommes habitués, lorsque le radio-réveil se met en route, à entendre les informations de sept heures ; ou bien, lorsque nous tournons la clé de contact, à ce que la voiture démarre. Qu'un événement se produise sans l'autre, et nous voilà perturbés, inquiets.

Nous avons tous appris à associer le sommeil à différents événements : s'être lavé les dents, avoir lu un peu, dormir du côté droit du lit, sentir la présence de son conjoint à côté de soi, etc. Si l'une des conditions n'est pas là, le sommeil peut être plus difficile à trouver.

Pour l'enfant, c'est pareil. Une fois qu'une association de sommeil est faite, il en a besoin pour s'endormir ou pour se rendormir au milieu de la nuit. S'il a besoin de son pouce, tout va bien : il sait toujours où le trouver. Mais s'il a besoin de tenir la main de sa maman tout en écoutant la musique de son mobile, c'est plus compliqué. Un autre a besoin que quelqu'un soit assis au pied de son lit jusqu'à ce qu'il s'endorme, et cela peut prendre longtemps. Tel autre a pris l'habitude de s'endormir en tétant un petit biberon d'eau, qu'il est évidemment bien incapable d'aller remplir seul plusieurs fois au milieu de la nuit.

Si votre enfant est dans un cas comme celui-ci, vous devez vous relever chaque nuit pour recréer les conditions d'endormissement. Il est facile de se rendre compte que l'enfant, par le jeu des associations, a pris des habitudes qui ne sont pas appropriées. Vous y êtes pour quelque chose et vous y pouvez quelque chose.

LA LOI DES RENFORCEMENTS

Un comportement qui entraîne une conséquence positive (soit la survenue d'un fait agréable, soit la cessation d'un fait désagréable) a tendance à se reproduire. Un comportement qui n'entraîne aucune conséquence du tout a tendance à disparaître.

L'effet des renforcements négatifs (fâcherie, colère, punition) est variable. Cela dépend des circonstances et de l'enfant.

Presque tous les comportements humains sont appris et la méthode des renforcements est celle qui permet la plupart de ces apprentissages. Quand l'enfant, au stade où il commence à prononcer des onomatopées, dit « Titi », il ne se passe rien. Quand il dit « Papa », celui-ci s'approche, heureux et souriant. C'est un mot que le bébé va vite apprendre à sélectionner et à répéter. À deux ans, faire pipi dans la couche ne provoque aucune conséquence, pipi par terre provoque une réprimande, faire pipi dans le pot une récompense au moins verbale : l'enfant comprend ce qu'on attend de lui et va devenir propre. Ainsi en est-il de beaucoup de nos comportements.

En ce qui concerne les appels de nuit, le mécanisme est le même. L'enfant crie. Si sa maman ou son papa se précipite et le câline ou joue avec lui, ils créent une conséquence positive au fait de s'être réveillé et d'avoir appelé : l'enfant va recommencer dès que possible. L'enfant agit de son côté selon les mêmes lois : si vous tardez à venir, il va vous faire supporter une conséquence négative, en pleurant de longues minutes.

LA VALEUR DE L'ATTENTION

Il y a une autre chose très importante à savoir concernant les petits enfants, que les parents ignorent le plus souvent : ce qui les amène à commettre des erreurs éducatives. Ce que l'enfant veut obtenir du parent, ce qui compte le plus pour lui, c'est de l'attention, c'est du temps. Peu importe, à la limite, si ce temps n'est pas de bonne qualité. Tant pis si c'est du temps où l'on se fait disputer, où il faut écouter des explications. Bien sûr, des câlins ou des jeux, ce serait mieux, mais mieux vaut du temps que rien. C'est pourquoi le fait que vous reveniez dans la chambre de l'enfant, même excédés, même pour lui dire qu'il faut qu'il se taise, est toujours un renforcement positif. L'enfant vous a vus, il vous a fait revenir ; pendant ce temps-là vous vous préoccupez de lui et de personne d'autre, il vous mobilise plus que le film ou le petit frère, donc il a « gagné ». Même s'il finit par se faire gronder.

C'est pourquoi la punition ou la colère n'est absolument pas la solution. Cela ne résout pas les troubles du sommeil. Cela ne fait qu'engendrer une anxiété supplémentaire, une crainte de ne plus être aimé.

La technique à appliquer ici est la même que lorsqu'il s'agit de faire cesser une colère en l'ignorant ou en isolant l'enfant. Seule l'absence de conséquence est à même de faire changer les choses. Rappelez-vous : si un comportement n'entraîne aucune conséquence, il disparaît.

Les effets de la vie quotidienne

Un stress de plus en plus important

LE STRESS DES PETITS ENFANTS

Être réveillé de bonne heure, se dépêcher de déjeuner et de s'habiller, quitter la maison, école du matin, cantine, cours de récréation, école de l'après-midi, centre aéré, retour à la maison, se dépêcher de prendre son bain et de dîner, aller au lit... Les journées des petits enfants sont presque aussi longues que les nôtres et souvent plus fatigantes. Pas un temps pour être tranquille, pas un moment pour souffler ou pour rêver.

La rêverie et le jeu libre sont les moyens que les enfants se donnent pour assimiler psychologiquement tout ce qu'ils vivent. Ils ont besoin de ce temps pour revivre, sous une forme symbolique, les événements et les émotions de la journée. Leur équilibre en dépend. Si l'enfant est privé de cette possibilité, parce que son rythme de vie ne le laisse pas souffler, il est normal que son sommeil s'en ressente.

LE STRESS DES PARENTS

Les parents non plus n'ont guère le temps de souffler ou de rêver. Un foyer où les deux parents travaillent vit plus souvent au rythme professionnel, au détriment du rythme familial. Les horaires des enfants dépendent de ceux de leurs parents. Le cas des mamans (des papas) seul(e)s est encore plus problématique, car il n'y a personne pour prendre le relais en cas d'absence ou d'épuisement. Il faut assumer tous les rôles : ce qui ne peut être qu'épuisant.

Des contraintes d'horaires qu'il faut bien accepter, des heures perdues en transport, des réunions de fin d'après-midi qui mettent toute l'organisation en péril, une disponibilité quasi permanente due aux ordinateurs et aux téléphones portables, etc. Que reste-t-il pour un temps agréable partagé avec ses enfants ?

Il est courant que les parents soient déchirés entre la nécessité de mettre au lit un enfant épuisé et le désir de passer du temps avec un petit que l'on a à peine vu ; entre la nécessité de faire respecter les règles, parce que cela fait bien partie des tâches parentales, et le souci d'éviter tout conflit ou contrariété, puisque l'on se voit si peu.

DES HABITUDES STRESSANTES

Il n'y a pas que les journées émiettées, les horaires astreignants et les contraintes professionnelles de leurs parents qui stressent les petits enfants. Il y a aussi ce qu'on attend d'eux, l'ambiance dans laquelle on les élève. Voici trois points particulièrement délicats :

• Vouloir que l'enfant soit le meilleur, grandisse vite, fasse tout en avance.

Dans une société compétitive et difficile comme la nôtre, il est rassurant pour les parents de sentir que leur enfant démarre bien. Ils sont fiers si leur enfant marche tôt, parle avant les copains, sait compter jusqu'à vingt à quatre ans, etc. Mais cette pression, que l'enfant ressent vivement, peut peser lourd. Il a vite l'impression qu'il doit à tout prix être performant. Il imagine que c'est la condition de l'amour et de l'attention qu'on lui porte. Devoir être toujours le meilleur et le plus précoce, se sentir tenu de faire la fierté de ses parents, c'est un stress et une source d'anxiété énormes.

• Faire vivre l'enfant dans un monde d'urgence et de délais à respecter.

Au terme d'une brève enquête, un journal féminin rapportait que les mots que les petits enfants entendaient le plus souvent étaient : « Dépêche-toi. » « Dépêche-toi de te lever, de manger, de te laver, de t'habiller, d'aller au lit... Dépêche-toi, on va être en retard. »

Le temps de la vie en société n'est pas le temps des petits enfants. Eux, qui n'ont pas la notion du temps, ne voient nullement la nécessité de faire tout vite. Ils aiment, au contraire, prendre leur temps, flâner, musarder en route. Alors ils font traîner le matin, un peu systématiquement, pour prendre le contre-pied de l'excitation ambiante, pour nous faire comprendre quelque chose de leur besoin, de leur rythme à eux.

Les petits enfants souffrent de nos délais, ils souffrent de notre impatience. Nous voulons qu'ils agissent plus vite, nous voulons qu'ils grandissent plus vite. Ils essaient, mais ils en paient le prix.

• Lui imposer un excès d'ordre et d'organisation.
Les petits enfants ont besoin d'une routine qui respecte leurs habitudes. Mais ils ont aussi besoin de pouvoir parfois faire les fous, se salir, hurler ou faire du fouillis. Ils ont besoin de gaieté et de rire, le sérieux les ennuie.

C'est lorsqu'on est stressé, tendu et fatigué qu'on a le plus besoin de dormir. Mais c'est l'inverse qui se produit. Un excès de stress engendre des tensions qu'on ne sait plus relâcher au moment de se mettre au lit. La vie moderne génère des stress, mais ne nous donne pas les moyens de les évacuer. Les anti-stress sont pourtant connus :

— Se défouler physiquement, faire du sport afin de vider toute l'énergie accumulée. Cela transforme la mauvaise fatigue psychique en bonne fatigue physique.

— Prendre le temps de rêver, de s'ennuyer, de ne rien faire ou juste ce qu'on aime. Prendre du temps pour soi, pour se faire plaisir.

— Se relaxer, chacun à sa façon.

— Rire. Le rire a ceci de merveilleux qu'il engendre une sensation immédiate de bien-être et de détente. Alors, rire avec ses enfants, c'est certainement une très bonne façon de se préparer chacun à passer une bonne nuit.

La présence de la télévision

Même sur les plus jeunes, la télévision exerce une sorte de fascination. À dix mois, Elsa, qui joue tranquillement par terre avec ses jouets, n'a pas le même comportement lorsque la télévision est allumée et lorsqu'elle ne l'est pas. Sa maman a remarqué que, lorsqu'elle regarde son feuilleton favori en milieu d'après-midi, Elsa cesse de jouer. Elle fixe l'écran, revient à son jeu, regarde sa mère, regarde l'écran... Elle cherche à comprendre.

REGARDER LA TÉLÉVISION OU DORMIR, IL FAUT CHOISIR

La télévision est dévoreuse de sommeil. Les petits enfants ne veulent pas aller se coucher avant la fin de leur cassette ou de leur émission. Ils se lèvent très tôt pour ne rien rater de leurs dessins animés du matin. Ils sentent l'urgence de leurs parents de les coucher avant le début du film, et se sentent en rivalité. Ils multiplient les rappels, dans le désir inconscient de savoir qui, d'eux ou de la télévision, est plus important à leurs yeux.

La surconsommation d'images télévisées a, sur le sommeil, des effets que de nombreuses études ont mis en évidence, mais qui relèvent autant de l'observation quotidienne. L'enfant qui a regardé la télévision longtemps n'est pas fatigué, mais il est excité. Plus le temps de télévision augmente, plus le niveau d'excitation augmente également. L'enfant devient dispersé, inattentif, nerveux, autant à la maison le soir, qu'à l'école le lendemain. Si bien qu'il peine à s'endormir et que le sommeil qu'il trouve enfin est agité et propice aux

cauchemars. Jamais autant d'enfants des classes maternelles n'ont pris des calmants et des médicaments pour
dormir qu'à l'heure actuelle.

Les images elles-mêmes ont évidemment aussi un
effet sur le sommeil. Le petit enfant ne fait pas la
différence entre la réalité et la fiction. Il croit que tout
ce qu'il voit peut arriver « pour de vrai ». Or, même
les programmes pour les enfants ne sont pas exempts
de violence et d'images pouvant générer des craintes.
Lorsqu'il commence, vers quatre ans, à faire la différence entre le réel et l'imaginaire, l'enfant peut alors
s'inquiéter devant les informations télévisées. Comment se sentir en sécurité, condition indispensable
pour s'endormir en paix, dans un monde qui n'offre
que violence, guerre, crimes et autres horreurs ?
L'enfant a l'âge de s'inquiéter, pas encore celui de
comprendre ou de relativiser.

QUE FAIRE ?

Cela tient en quelques règles simples :

— Ne pas laisser la télévision allumée en permanence.

— Ne pas laisser la télévision en libre accès, disponible. Il existe plusieurs solutions techniques permettant d'empêcher l'enfant d'allumer seul le
téléviseur, donc d'en limiter l'accès.

— Ne pas se servir de la télévision comme d'un(e)
baby-sitter pour faire tenir l'enfant tranquille, ou dès
qu'il s'ennuie, ou dès qu'il semble grognon et énervé.

— Sélectionner les programmes que l'enfant regarde. Le magnétoscope ou le lecteur de DVD sont pour cela d'une aide considérable.

— Ne pas laisser l'enfant regarder seul un programme qui n'a jamais été visionné d'abord avec les parents.

— Limiter le temps passé devant la télévision. Le mieux est de fixer un temps qui paraît raisonnable en fonction de l'âge de l'enfant et de s'y tenir fermement.

— Être extrêmement vigilant afin que les temps de télévision ne prennent pas la place d'autres activités absolument indispensables à un enfant de cet âge (ce que la télévision n'est pas) : avoir des activités physiques (courir, jouer au ballon, faire du vélo...), jouer avec d'autres enfants, peindre ou dessiner, jouer à faire semblant, inventer des histoires, partager des jeux en famille. Ces activités développent des savoir-faire déterminants pour l'avenir de l'enfant.

L'anxiété de séparation et le sentiment d'insécurité

Un bébé qui ne se sent pas sécurisé, qui n'est pas capable de mettre une certaine distance, volontairement et tranquillement, entre sa maman et lui est un bébé qui va avoir du mal à se séparer d'elle le soir au moment du coucher. De même, un enfant qui manque de sécurité affective est un enfant qui ne se sent pas protégé, seul la nuit, et qui a du mal à trouver le sommeil.

Pour réussir une séparation et se sentir en sécurité, il faut avoir vécu avec la personne de référence, en général la mère, une relation étroite, aimante et protectrice. Il faut aussi que cette mère ait su comprendre le moment où son bébé exprimait le désir de se débrouiller seul.

L'insécurité de l'enfant peut avoir de multiples causes. Les deux plus fréquentes sont reliées à l'histoire personnelle des parents : l'une est leur propre anxiété de séparation, l'autre leur incapacité à frustrer l'enfant.

On est parent avec son histoire personnelle

Un parent qui veut endormir son enfant doit parvenir à s'en éloigner et permettre à l'enfant de s'éloigner de lui. Cette démarche peut être difficile pour certains. Une mère très protectrice sent de son devoir de garder son enfant près d'elle pour le protéger, le soigner, le cajoler. Elle veut le bercer jusqu'à l'endormissement et tout faire, à chaque pleur, pour l'apaiser. Tant de tendresse et de dévouement est merveilleux pour le tout-petit. Mais, lorsque l'enfant grandit, cela peut venir en contradiction avec la nécessité de se séparer de son bébé pour qu'il devienne un individu indépendant et autonome.

Jérémy, alors qu'il était encore à la maternité, avait failli s'étouffer : une fausse « route » au cours d'une tétée. Il était devenu tout bleu, cessant de respirer. Affolée, sa maman avait appelé l'infirmière qui était arrivée très vite et tout était rentré dans l'ordre. Les examens réalisés n'ont rien montré de particulier. On a dit à la maman de « faire attention » : ce qu'elle a fait, avec évidemment de grandes craintes. Elle allait souvent se pencher sur le berceau de Jérémy, qu'il dorme ou non. À huit mois, Jérémy ne faisait toujours pas ses nuits. Il était dans sa petite chambre, mais toutes les heures, aussi fidèlement que le clocher de l'église, il se mettait à pleurer. Sa maman se levait, lui parlait doucement, et Jérémy se rendormait.

Nous avons fait l'hypothèse que Jérémy, par ses pleurs, n'appelait pas forcément sa mère, mais qu'il se chargeait de la rassurer. Une façon de lui dire : « Tu vois, tout va bien, je respire, je suis vivant. » La maman a donc cessé de se lever. Dans la journée, elle s'est efforcée de rassurer Jérémy sur la confiance qu'elle lui faisait pour devenir grand et résistant. La nuit, quand elle l'entendait pleurer, elle lui répondait depuis sa propre chambre : « Je suis là, Jérémy, je t'entends, je te remercie, tu peux dormir maintenant. » Deux semaines plus tard, Jérémy ne pleurait plus qu'une fois par nuit et se rendormait tout seul quand il avait entendu la voix de sa maman.

UNE HISTOIRE RÉCENTE QUI REMONTE À LA NAISSANCE DU BÉBÉ

On sait qu'une histoire de naissance difficile peut entraîner des troubles du sommeil. Non pas de manière directe, par quelque mécanisme physiologique, comme une conséquence inévitable, mais par l'intermédiaire de l'anxiété parentale. Une maman qui a été séparée de son bébé juste après l'accouchement et qui, à tort ou à raison, a craint pour la vie de son bébé est forcément marquée par cette douloureuse expérience. Une fois rentrée à la maison avec son bébé, la maman va garder dans le cœur une crainte de le perdre. Au moment de le coucher, elle va craindre de s'éloigner de lui. Quand il dort, elle va aller voir s'il respire correctement et se pencher vers lui, au risque de le réveiller. Le bébé va sentir cette inquiétude et cette présence. Il va en prendre l'habitude. Il va se dire que, si sa mère a si peur pour lui, c'est qu'il est une petite chose bien fragile qui ne peut pas se débrouiller sans aide.

UNE HISTOIRE ANCIENNE

L'anxiété des parents remonte souvent à leur propre enfance. Celle-ci, la manière dont on s'est occupé d'eux lorsqu'ils étaient bébés ont une influence directe sur la manière d'être parents. On peut difficilement être autrement que ce que l'on a appris à être.

Je me souviens d'un papa qui ne pouvait pas supporter les cris de son bébé. Il les entendait avec les oreilles du bébé qu'il avait été, un bébé qu'on avait laissé pleurer, dont les pleurs parlaient de désespoir. Il croyait percevoir une détresse similaire dans les appels de son bébé, auquel il se sentait tenu de répondre, sans réaliser que son petit garçon était différent de lui. Celui-ci avait un père et une mère présents, aimants et attentionnés : ce que son père n'avait pas eu. Sa situation n'avait donc rien à voir.

Au cours des consultations de sommeil, il est fréquent que les parents se mettent à parler des conditions de leur propre enfance. Ils comprennent vite à quel point elles sous-tendent leur comportement actuel. Ils comprennent que la capacité de leur enfant à trouver seul le repos la nuit est compromise par leur vécu et que celui-ci entraîne des peurs et des désirs inconscients. Les entretiens permettent de mettre au jour de nombreux éléments qui ont une influence sur la relation affective qu'ils ont avec leur enfant. Alors il leur devient possible de changer. Ils cessent de s'identifier à leur enfant, de projeter sur lui leur ancienne détresse et d'interpréter ses cris comme des appels désespérés. Ils deviennent des parents plus adultes et plus compétents, capables de rassurer leur enfant et de le coucher.

L'absence de limites angoisse l'enfant

Il arrive que l'histoire des parents, ancienne ou récente, agisse comme un obstacle qui les empêche de tenir pleinement leur rôle. Dans le temps parfois court qu'ils passent avec leur enfant, ils sont capables de donner de l'amour et de la tendresse — ce qui est essentiel —, mais pas d'imposer des limites ou une discipline — ce qui le serait tout autant.

Il y a le cas, malheureusement classique, des papas qui ne voient leur enfant qu'un week-end sur deux, cas qui se rapproche de celui de tous les parents qui rentrent tard de leur travail et voient à peine leur enfant. Quand on a peu de temps à partager, on veut donner l'essentiel : l'amour manifesté. Quand on s'en veut de n'être pas assez présent auprès de l'enfant, on n'est pas dans la meilleure position pour lui imposer des limites. Quand on vient à peine de le retrouver à l'heure où on le couche, on est souvent dans l'impossibilité de se séparer de lui et de lui apprendre à se séparer de soi.

Mais il y a aussi les parents qui ont eu une enfance pénible, avec des parents très sévères, qui se rappellent d'un manque cruel de tendresse, et qui ne peuvent imaginer qu'ils puissent être causes de détresse pour leur enfant. On leur a trop dit non autrefois, ils ne savent plus que dire oui aujourd'hui.

Les conséquences sont ennuyeuses, en termes d'éducation, de construction psychique, comme en termes de répercussion sur le sommeil. Car tout est lié. Ce sont des comportements normaux chez des bébés de trois mois, encore tolérés chez des enfants d'un an. Ce sont des rituels commencés tout à fait normalement, mais qui n'en finissent plus. Le rôle d'un rituel est justement d'amener, en une quinzaine de minutes, à une séparation douce. Un rituel qui n'en finit plus perd tout son sens. Des parents incapables de mettre un terme aux multiples rappels de leur enfant ne le rassurent plus, au contraire. Cette attitude ne fait que renforcer les angoisses nocturnes de l'enfant. Un parent qui ne peut laisser son enfant, c'est comme s'il lui transmettait le message suivant : « Tu as raison, c'est dangereux de se retrouver seul la nuit, c'est pourquoi je reste à tes côtés le plus longtemps possible. » Ne pas mettre fermement un terme au rituel conforte les angoisses au lieu de les apaiser.

Les parents de petits enfants croient souvent que leur rôle consiste à être toujours là, présents, prêts à intervenir au moindre désir, vigilants afin de tout résoudre. Ils pensent que leur enfant sera plus heureux s'ils lui évitent toute frustration et toute larme. Leur enfant pleure et ils se sentent coupables de n'avoir pas fait ce qu'il fallait, de l'avoir rendu malheureux. Cette vision du rôle parental est erronée. Les parents n'ont pas à tout faire pour être aimés de leur enfant et lui plaire en tout. Ils ont à lui permettre de se construire une personnalité solide. Or, cela passe forcément, aussi, par le fait d'imposer, d'interdire et de contraindre. L'enfant a des demandes d'enfant, illimitées. Les parents doivent répondre en adultes : « Maintenant, ça suffit ! », « Non, ça n'est pas possible, pas ce soir ! », etc.

Les limites que les parents mettent aux comportements et aux demandes des enfants forment la structure solide sur laquelle ils peuvent s'appuyer pour grandir. Un enfant frustré dans une demande va râler, bien sûr, pour montrer sa contrariété. Mais cette réaction est superficielle. Profondément, l'enfant sera soulagé et sécurisé de savoir qu'il est élevé par des adultes capables de s'opposer à lui, de lui dire le bien et de le protéger, voire contre lui-même. Un enfant est en sécurité auprès de parents capables de lui dire non, tout en lui gardant leur amour.

J'ai rencontré une maman qui m'a avoué qu'elle craignait, en s'opposant aux désirs de son enfant, qu'il cesse de l'aimer. D'ailleurs, du haut de ses quatre ans, il lui lançait, chaque fois qu'elle le contrariait : « Je t'aime plus. » Effondrée, convaincue d'être une mauvaise mère, elle cédait — ce que l'enfant, malin, avait vite compris.

L'amour des petits enfants pour leurs parents est un acquis. Il est irréaliste de penser que cet amour pourrait disparaître parce que les parents se seraient opposés au désir de leur enfant. L'enfant sent bien qu'il est aimé et il aime totalement, même s'il se met en colère. Ce qui se joue dans le oui ou le non opposé à l'enfant qui va trop loin n'est pas de l'ordre de l'amour, mais du sentiment de sécurité intérieure et de la construction d'une autodiscipline.

Les règles de base

Apporter une réponse et trouver une solution aux troubles du sommeil de son enfant n'est pas facile. Cela demande un certain courage aux parents, lesquels n'en manquent pas lorsqu'ils se relèvent patiemment, plusieurs fois par nuit, depuis des mois. Cela demande aussi, au départ, un effort à l'enfant.

Pour mettre de son côté toutes les chances d'y parvenir, certaines conditions préalables doivent être réunies...

Faire un bilan de la situation

Que les parents consultent un psychologue ou un spécialiste du sommeil, ou qu'ils décident d'essayer de résoudre seuls le trouble du sommeil de leur enfant, il est indispensable de faire un point clair sur la situation. Bien souvent, les parents, épuisés, sont incapables de chiffrer précisément le nombre de rappels du soir ou le nombre de réveils de nuit. Or, cela est important pour évaluer la gravité de la situation ou pour mesurer les progrès.

La technique la plus pratique et la plus fidèle consiste à remplir un agenda de sommeil. Il s'agit d'un tableau sur lequel les parents reportent les heures de lever et de coucher, les moments de cris, les réveils nocturnes, et, pour les plus petits, les heures des repas. Il est alors facile, d'un coup d'œil, de calculer le nombre d'heures de sommeil et de voir le rythme de l'enfant. L'agenda de sommeil permet de recueillir des données objectives concernant les troubles du sommeil et permet à la fois un bilan, un diagnostic et le suivi des progrès.

Il est conseillé de remplir cet agenda pendant huit à dix jours avant de commencer à modifier quoi que ce soit ou de se rendre à la consultation. Il faut ensuite continuer à le remplir jusqu'à ce que le problème soit réglé : ce qui apparaîtra très clairement sur l'agenda.

Modèle d'un agenda de sommeil

	01	02	03	04	05	06	07	08	09	10	11	12	13	14	15	16	17	18	19	20	21	22	23	24
Date																								
Date																								
Date																								
Date																								

Les chiffres correspondent aux heures de la journée.

Le tableau comporte autant de lignes que de jours d'observation.

Voici les signes à utiliser pour le remplir :

↑ lever

↓ coucher

/// sommeil (nuit ou sieste)

■ cris ou pleurs

R repas

S'occuper de ce qui se passe le jour

Les troubles du sommeil sont trop liés à la vie quotidienne de l'enfant pour pouvoir n'être traités que de manière symptomatique. Il y a des attitudes à adopter sur le moment, nous le verrons, mais, plus largement, c'est au déroulement de toute la journée de l'enfant qu'il faut s'intéresser.

Développer l'autonomie de l'enfant

Faire confiance à son enfant, cela passe par le fait d'accepter de voir qu'il grandit et qu'il est capable de faire des choses par lui-même. Non plus faire systématiquement pour lui, parce que cela va plus vite et que c'est mieux fait, mais lui apprendre à faire ce qui est dans ses capacités.

Dans la journée, on peut confier à l'enfant des petites responsabilités en accord avec son âge : lui apprendre à se laver seul, le laisser se servir à table... C'est important de lui parler également comme à un être humain digne de respect et d'amitié.

Le soir, lui faire confiance, c'est le croire capable de se débrouiller tout seul pour traquer les monstres ou s'occuper en attendant de trouver le sommeil. Le rendre autonome, c'est aussi lui confier une petite lampe et ôter les barreaux du lit.

Nos enfants ont besoin de nous. Mais ils ont aussi besoin que nous les sachions capables de se passer de nous lorsque c'est possible ou nécessaire.

Dans cette période de transition un peu délicate où les parents vont demander à leur enfant de changer ses mauvaises habitudes de sommeil, il va avoir besoin de tout leur soutien. Ils vont faire tout ce qui est en leur pouvoir pour renforcer l'estime de lui-même, à travers de multiples activités. Tous les échanges positifs et valorisants entre eux et lui sont les bienvenus.

Développer sa sécurité intérieure

C'est au cours de la journée que l'enfant construit cette fameuse sécurité intérieure dont il aura besoin pour se séparer de ses parents et se retrouver seul le soir. Elle se construit au fil des jours, grâce à une attitude fiable des parents.

Cela passe par de multiples situations. Par exemple, celles qui consistent à dire à l'enfant ce qui est important pour lui et à tenir sa parole. Une promesse doit être tenue. S'il y a eu un contretemps, il faut s'en excuser. Rappelons-nous que l'enfant a besoin d'évoluer dans un monde fiable et prévisible.

Mais cela passe essentiellement par la manière dont se déroulent les situations de séparation. On ne quitte pas un enfant sans le prévenir ni lui dire au revoir. Partir lorsqu'il a le dos tourné est souvent bien intentionné : il s'agit d'éviter des pleurs ou un agrippement. Mais, sur le plan psychologique, c'est catastrophique. Si l'enfant a compris que ses parents pouvaient disparaître sans qu'il le sache, dès qu'il cesse de les regarder, alors il va se coller à eux et ne plus supporter d'être ne serait-ce que dans une autre pièce.

Chaque séparation doit être annoncée et assortie d'une promesse de retour : « Je m'en vais, je te laisse maintenant, je viens te rechercher à six heures, après mon travail. Passe une bonne journée, à ce soir. » Faites votre possible pour être là à l'heure dite. Que l'enfant manifeste parfois du désagrément lors de la séparation est simplement normal, mais son sentiment de sécurité intérieure n'est pas atteint.

Une maman qui se sépare tranquillement de son enfant, dans la certitude qu'il ne va rien lui arriver de mauvais et dans la confiance de le retrouver, l'aide énormément à développer le même état d'esprit de son côté.

Adopter une attitude cohérente

La cohérence indispensable pour régler les troubles du sommeil de l'enfant se retrouve à de multiples niveaux.

Être cohérent dans ce que l'on fait

Lorsqu'on demande à l'enfant de s'endormir le soir à une heure raisonnable — comme vingt heures trente —, il est juste de créer autour de lui les conditions qui vont rendre cela possible. Par exemple, ce sera très difficile si :

— L'un des parents rentre de son travail autour de vingt heures trente. L'enfant n'a pas eu le temps de le voir. Il va forcément se relever. Le parent comme l'enfant vont avoir envie d'un moment partagé : ce qui est normal. Mais cela va retarder l'heure du coucher, remettre de l'animation et peut-être faudra-t-il attendre le début du cycle suivant avant que l'enfant puisse s'endormir, soit plus d'une heure plus tard.

— Les parents jouent avec l'enfant à des jeux excitants ou tolèrent que leurs enfants jouent entre eux, quelques minutes avant la mise au lit. La « marche vers le sommeil » est plus facile si elle est composée d'un rituel calme et d'activités paisibles : lecture, histoire, berceuse, etc., chaque étape étant un pas de plus vers le sommeil.

Être cohérent dans ce que l'on dit

C'est le cas de la parole tenue, c'est aussi le cas de la menace ou de toute parole exprimant l'autorité. Il faut être très prudent lorsqu'on commence une phrase par : « Je te préviens, si tu continues... » (au choix : « tu n'iras pas au zoo dimanche / je te donne une fessée / je dirai au Père Noël de ne pas venir / etc. »). Car l'enfant va continuer, ne serait-ce que pour voir si les parents ont une parole, ce que signifient leurs mots, jusqu'où ils sont capables d'aller. Et là, les parents sont bien embêtés. Si une promesse doit être tenue, une menace également. Sinon les mots n'ont plus de sens. Donc mieux vaut réfléchir avant de parler.

Quand on a dit : « C'est la dernière fois que je reviens dans ta chambre ce soir », il faut que ce soit la dernière fois. Sinon, dans l'esprit de l'enfant, il y aura toujours une prochaine fois possible. Il n'est pas bon que l'enfant soit convaincu (et qu'il ait la preuve) qu'il peut faire ce qu'il veut de ses parents, y compris les faire se contredire sans arrêt.

Être cohérent dans la durée

Un enfant pleure une fois la lumière éteinte. Lundi, maman revient trois fois lui faire des câlins et apporter un verre d'eau. Mardi, il obtient le droit d'aller s'endormir dans le lit des parents. Mercredi, il fait apparition au salon et s'endort finalement sur le canapé, devant la télévision. Jeudi, les parents en ont assez et exigent qu'il reste dans son lit... L'enfant n'y comprend rien. Pourquoi a-t-il droit au salon certains soirs et pas d'autres ? Parce qu'il n'a pas pleuré assez fort ? C'est la comédie tous les soirs.

Une fois définie, l'attitude des parents doit rester stable d'un jour à l'autre, afin que l'enfant en prenne l'habitude. Tout ne doit pas se rediscuter chaque soir, sinon cela ne sécurise pas l'enfant et épuise les parents. L'enfant a besoin de comportements éducatifs définis et cohérents. Une fois posée, une règle n'est plus discutée. Les exceptions ne pourront intervenir que lorsque la bonne habitude sera parfaitement prise.

Être cohérent au sein du couple

Les troubles du sommeil sont épuisants nerveusement. C'est pourquoi ils mettent le couple à rude épreuve. Il n'est pas rare qu'une difficulté à endormir un enfant se termine par une querelle conjugale — ce dont l'enfant est parfaitement conscient. C'est une responsabilité et une culpabilité qu'il ne doit pas porter.

• Évitez de discuter devant l'enfant, pendant la crise, de ce qu'il convient de faire. N'exposez pas vos désaccords devant lui.

• Discutez à deux, à un moment tranquille, pour déteminer ce qu'il convient de faire le soir ou la nuit. Il est important que vous vous mettiez d'accord sur une attitude commune.

• Ne laissez pas croire au petit enfant qu'il peut obtenir de sa mère ce que son père vient de lui refuser (ou réciproquement). C'est ainsi qu'on entend du fond du lit : « Non, pas papa, maman ! » Il s'agit d'une erreur éducative difficile à compenser. Quand l'un des parents a pris une position, il est préférable que l'autre le soutienne, même s'il est en désaccord. Si débat il doit y avoir, il aura lieu à un autre moment. Quand de nouvelles habitudes, un peu difficiles, sont à établir, il est important que les parents se montrent solidaires. « Ton papa t'a dit non, alors c'est non. »

Se passer le relais d'un parent à l'autre est important lorsqu'il s'agit de protéger un peu de son sommeil. Chaque parent est responsable d'une nuit, à tour de rôle. Mais il doit y avoir cohésion. Un projet clair permet que les deux parents se comportent de la même manière, aient les mêmes exigences vis-à-vis de l'enfant. S'il y a une faille entre eux, l'enfant s'y glissera. Celui-ci deviendra vite sujet de dispute entre les parents : généralement, le plus ferme des deux trouve que le plus tolérant gâche tous ses efforts.

Adopter une attitude déterminée

Pour que l'enfant accepte de changer ses habitudes de sommeil, il faut qu'il sente ses deux parents absolument fermes et déterminés à réussir, dans le délai le plus court possible. Toute ambivalence vous ôte des chances de succès. Si vous n'êtes pas absolument convaincus que c'est bon pour votre enfant d'apprendre à bien dormir, n'essayez même pas.

Il faut savoir qu'avant de réussir, parents et enfant vont traverser une période encore plus difficile à supporter, même si elle est brève. C'est là que se situe l'obligation ferme de ne pas craquer. Revenir en arrière est pire que de n'avoir rien tenté.

Le temps de la décision

Certains parents trouvent pénible de se relever la nuit ou de n'avoir aucune intimité de couple avant vingt-deux ou vingt-trois heures. Mais, dans le fond, ils considèrent que ces désagréments font partie de la condition de parents. Longtemps absents dans la journée, ils trouvent finalement assez normal d'être très disponibles la nuit. Certains ont résolu provisoirement le problème en laissant leur enfant dormir dans leur lit. Aussi ne sont-ils pas prêts à fournir l'effort (et à demander à leur enfant de fournir l'effort) de changer l'ordre des choses. Ils oublient que les conséquences à long terme des troubles du sommeil, tant sur la psychologie de l'enfant que sur le devenir du couple, peuvent être importantes. Quoi qu'ils en disent, la situation actuelle leur convient relativement. Dans ce cas, il est inutile d'essayer de changer quoi que ce soit, cela ne marcherait pas.

Karine, 38 ans, vient me consulter avec sa petite Sarah, quinze mois. Karine est gérante d'un grand magasin de chaussures. Elle commence tôt le matin pour accueillir les livraisons, finit tard le soir pour tout ranger et travaille presque tous les samedis. Récemment mariée à un homme plus âgé qu'elle qui a déjà deux fils adultes, elle est absolument heureuse de cette naissance et adore sa fille. Cependant, elle aime son travail et ne souhaite pas y renoncer. Karine me dit qu'elle est extrêmement fatiguée. Le petit lit de Sarah est dans la chambre de ses parents, au pied du leur. La petite fille se couche gentiment, mais chaque nuit, vers trois heures du matin, elle se réveille et appelle sa maman. Karine se lève, prend Sarah dans ses bras pour qu'elle ne réveille pas son papa, et l'emmène dans la chambre d'enfant. Là, toutes deux bavardent, gazouillent, jouent, mangent un petit en-cas... Karine attend que Sarah montre à nouveau des signes de fatigue pour la recoucher, vers cinq heures du matin. À sept heures, le réveil sonne.

La discussion avec Karine met très vite en évidence l'ambiguïté dans laquelle elle se trouve sur le plan affectif. D'un côté, elle sent bien que la situation n'est pas « normale » et sa fatigue le prouve. D'un autre, elle se régale de ces heures passées avec sa fille, auxquelles toutes deux prennent grand plaisir. « C'est le meilleur moment de ma journée », avoue Karine.

Ensemble, nous avons décidé de ne rien changer pour l'instant, si ce n'est de réduire progressivement le niveau d'activité pendant cette pause de nuit, ainsi que sa durée. Quand Karine se sentira prête, mais le moment n'est pas venu, elle pourra coucher sa fille dans la chambre d'enfant et la convaincre que la nuit est faite pour dormir et non pour jouer avec maman.

Le bon moment

Vous pouvez entreprendre de résoudre un trouble du sommeil si :

— Le médecin a confirmé que les pleurs de nuit n'avaient aucune raison médicale.

— L'enfant est dans une période affective et existentielle stable.

— Les deux parents (voire les enfants aînés) sont d'accord et soutiennent la décision.

— Vous êtes prêts à supporter des pleurs pendant quelques nuits (généralement moins d'une semaine, disons quatre à six jours).

— Vous voulez vraiment que votre enfant apprenne à s'endormir et à se « ré-endormir » seul. Vous êtes convaincus que c'est une bonne solution pour lui et pour vous.

La bonne méthode

Vous en trouverez une dans les chapitres suivants. Il en existe d'autres, approchantes. Aucune ne peut faire l'impasse totale sur les pleurs de l'enfant et toutes marchent plus ou moins, à une condition absolue : s'y tenir.

Pour la réussite de la démarche, il est très important de choisir une manière de faire et de ne pas en changer. Je vous rappelle que l'idée fondamentale est de rassurer l'enfant (savoir qu'une chose se passe tous les jours de la même façon, c'est rassurant) et de lui faire prendre de nouvelles habitudes (pour cela il faut du temps).

Tous les parents d'enfants qui ont des troubles du sommeil ont déjà entendu de multiples conseils. Quand ils arrivent pour consulter, ils affirment avoir déjà « tout essayé » (et bien sûr rien n'a marché, sinon ils ne seraient pas là). Or, c'est justement là une part importante du problème.

Il ne fait pas de doute — et des études américaines déjà anciennes l'ont clairement mis en évidence — que des enfants soumis à des méthodes variées sont fréquemment ceux qui se réveillent systématiquement. Les auteurs affirment que, dans ce cas, « *le sommeil perturbé peut être imputé en partie directement à l'application de méthodes contradictoires : ce qui ne donne aucune base ferme à l'enfant pour établir un rythme de sommeil régulier* »[1].

Les parents, contrairement à ce qu'ils demandent souvent, n'ont pas besoin d'un énième conseil ou d'un médicament magique. Ils ont besoin de comprendre pourquoi ils n'ont pas pu appliquer durablement le conseil qu'ils ont reçu et le faire accepter par leur enfant. Ils ont besoin d'un soutien pour se tenir au comportement qu'ils ont décidé d'avoir.

La bonne attitude

Il est impossible de faire dormir un enfant de force. Mais on peut se fâcher et l'enfermer dans sa chambre — ce qui serait vraiment dommage. Le but est de réconcilier l'enfant avec le sommeil pour qu'il trouve un vrai plaisir à aller au lit. Aussi s'énerver, frapper, donner une fessée ou crier plus fort que l'enfant sont des attitudes parfaitement contre-productives. Si elles vous échappent lorsque vous n'en pouvez plus, à bout

---

1. *Cf. Night waking in early infancy*, T. Moore et L. E. Ucko, Archives of Disease Childhood, cité par Dilys Daws *in Les Enfants qui ne dorment pas la nuit*, Payot, 1999.

de fatigue et d'exaspération, mieux vaut aller respirer à la fenêtre, prendre une tisane de tilleul, mettre des bouchons d'oreilles, passer le relais au conjoint et mettre l'enfant dans son lit, porte fermée, puis se coucher.

L'attitude qui fonctionne, celle à laquelle vous allez devoir vous entraîner, est calme, aimante, sécurisante, mais absolument ferme et convaincue. En thérapie comportementale et cognitive, on conseille, pour obtenir de l'enfant ce qu'on lui demande, une technique appelée « le disque rayé », qui, en référence au microsillon, redit éternellement la même phrase, sans jamais se lasser ni s'énerver :

« Va au lit maintenant, Lucas, il est huit heures. — Mais mon dessin animé n'est pas fini.

— Je sais, c'est dommage, mais il est huit heures, tu vas au lit. — Mais je ne saurai pas la fin !

— Tu la regarderas demain. Pour l'instant, comme il est huit heures, au lit ! — Mais je ne suis pas fatigué !

— Eh bien, tu liras un petit livre, mais au lit. » Etc.

Au milieu de la nuit ou pour les enfants plus jeunes, l'idée reste la même. Vous devez adopter un ton gentil, compréhensif, mais convaincu. L'enfant doit être sûr que vous ne vous laisserez pas fléchir et que vous aurez le dernier mot.

Redites-lui votre amour : l'enfant doit sentir que vous faites cela pour son bien et non pour vous débarrasser de lui. C'est important qu'il sente votre résolution en même temps que votre affection. « Tu es méchante ! — Non, c'est parce que je t'aime que je veux que tu dormes bien, pour être en bonne santé et pour bien grandir. »

Prévenir l'enfant

Un soir, sans transition, vous allez changer de comportement vis-à-vis de votre enfant. Si vous voulez qu'il participe, qu'il s'y retrouve et qu'il vous croie, il faut lui expliquer ce qui se passe : « Tu sais, nous avons bien réfléchi, ton papa et moi, et nous avons décidé que cela ne pouvait plus durer comme cela. »

— Dites-lui pourquoi la situation est devenue insupportable : la fatigue, la tension nerveuse, l'absence de soirées agréables et de temps d'intimité pour votre couple, etc.

— Dites-lui quel est votre but : qu'il soit au lit à telle heure, qu'il ne crie plus la nuit, qu'il dorme dans son lit et non dans le vôtre, etc.

— Dites-lui ce que vous en attendez, pourquoi ce sera mieux pour tout le monde.

— Dites-lui ce que vous avez décidé et comment vous allez vous y prendre : « Ce soir, tu iras te coucher dans ton lit. Je reviendrai te faire un baiser, puis je te laisserai dormir. »

Vous allez bien sûr adapter votre langage et vos explications à l'âge de votre enfant. Mais même un bébé peut comprendre quand ses parents lui expliquent que les choses ne se passent pas correctement et qu'elles se passeront autrement dorénavant.

Vos enfants vous font confiance. Décidez, expliquez-leur votre décision, puis appliquez-la avec constance. C'est le comportement qui sera le plus sécurisant pour eux.

Les difficultés du coucher

Ce chapitre et le suivant, consacré aux réveils nocturnes, sont en fait étroitement liés. D'une part, parce que les deux types de troubles du sommeil se ramènent à un seul : l'enfant n'est pas capable de s'endormir seul et calmement, sans faire appel à ses parents. C'est donc cette compétence qu'il faut lui permettre d'acquérir. D'autre part, parce que traiter l'un, c'est améliorer l'autre. Il est fréquent que les enfants qui ont des troubles du sommeil présentent également d'autres difficultés, d'ordre comportemental ou caractériel : opposition, « caprices » ou colères, par exemple. Une fois qu'ils sont réconciliés avec le sommeil, tout se règle en même temps. La famille retrouve la paix.

Avertissement

Plus un trouble du sommeil est traité rapidement, plus il est facile à faire disparaître. Il est beaucoup plus simple d'apprendre à « faire ses nuits » à un bébé de six mois qu'à un petit enfant de douze. Il est plus rapide de remettre en place de bonnes habitudes après un séjour de vacances ou un passage à l'hôpital, lorsque le rythme mis en place auparavant a été quelque temps bouleversé, qu'après des mois de tolérance. Aussi, mieux vaut ne pas tarder.

Ce qui paraît terrible aux parents, c'est le fait qu'ils vont devoir laisser leur petit enfant pleurer un moment, sans intervenir pour arrêter ses cris. Les pleurs d'un bébé sont ce qu'il y a de plus pénible à supporter. Surtout si on s'imagine que l'enfant pleure comme nous, adultes, le faisons : par douleur ou par chagrin. Or, ce n'est pas le cas. Le nouveau-né pleure « par nature », pour exprimer un malaise ou pour se soulager. Le plus grand pleure lorsque ça ne va pas, ou par fatigue, ou par habitude, ou pour vous impressionner, ou... pour de multiples raisons. Ce qui est sûr, c'est que laisser un enfant protester par ses cris, parce qu'il refuse de dormir seul, lorsque vous l'avez assuré de votre amour et de votre présence, cela ne lui fera aucun mal. Certainement moins qu'à ses parents qui vont devoir « tenir » malgré ces cris déchirants.

Aussi difficile que paraisse le « traitement » à certains parents, il faut savoir que le problème est réglé en huit jours maximum, le plus souvent la moitié. Non seulement votre enfant ne vous en tiendra pas rigueur, mais il sera d'autant plus joyeux et équilibré qu'il sera en paix avec vous et que ses nuits seront calmes. Cela n'en vaut-il pas la peine ?

À six mois

À six mois, un bébé est capable de s'endormir seul et de dormir toute la nuit. Physiologiquement, il n'a plus besoin de repas pendant la nuit. Si votre bébé n'a pas encore pris ces bonnes habitudes de sommeil, c'est le bon moment pour les mettre en place. Si vous attendez, ce sera plus difficile dans quelques mois.

• Installez votre enfant dans son lit (et non dans le vôtre) et dans sa propre chambre (ou dans l'espace que vous avez aménagé pour lui).

• Déterminez la bonne heure de coucher, celle où l'enfant est prêt à s'endormir.

• Mettez déjà en place un petit rituel du soir : ce qui vous permet d'accompagner calmement votre bébé au lit.

• Faites-lui un gros câlin. Glissez près de lui une peluche ou un lange tout doux. Dites à votre bébé que vous allez le laisser dormir, que vous ne reviendrez plus avant le lendemain matin, que tout va bien.

• Quittez-le avant qu'il ne s'endorme.

Si votre bébé n'a pas l'habitude de s'endormir seul, il va probablement pleurer pour vous faire revenir. Résistez à l'envie d'intervenir. Tout ce que vous pourriez faire à partir de ce moment-là serait mal venu. Votre bébé doit trouver le moyen de s'endormir sans votre aide. Si vous intervenez pour l'aider, vous perturbez sa recherche de sommeil.

Il ne s'agit pas non plus de laisser votre bébé pleurer des heures sans lui manifester votre soutien : ce qui serait injustement cruel. Au bout de quelques minutes, cinq à quinze selon votre capacité à supporter ses pleurs, vous pouvez aller dans la chambre, passer votre main sur son dos pour le réconforter, lui signifier que vous êtes là, puis ressortir rapidement. Surtout n'allumez pas la lumière, ne parlez pas, ne donnez rien qui pourrait être interprété comme une « récompense » pour ses pleurs. Il s'agit juste de vous rassurer : en allant voir si tout va bien, s'il n'a mal nulle part ; et de le rassurer : sur votre présence et votre affection.

S'il pleure encore dix minutes plus tard, recommencez. Et ainsi de suite jusqu'à ce qu'il dorme. S'il se réveille la nuit, procédez de la même manière. Votre bébé doit sentir que vous êtes là, que vous êtes concernés, calmes, aimants, mais que vous n'interviendrez pas.

De neuf mois à cinq ans

À partir de neuf mois, un an, les mauvaises habitudes sont prises. L'enfant s'endort dans des conditions de dépendance à l'adulte, ou alors il a pris le pli de faire durer éternellement le rituel. Ses comportements pénibles ne sont nullement des provocations à votre égard, mais des habitudes qu'il a prises, à votre insu. Les modifier demande doigté, progressivité et réassurance.

Une façon de faire très simple

UN RITUEL RASSURANT ET LIMITÉ

• Fixez une heure de mise au lit correspondant aux signes de sommeil que montre l'enfant et tenez-vous-y le plus régulièrement possible.

• Établissez un rituel calme et immuable.

• Ne laissez aucun choix à l'enfant. Quand c'est l'heure du lit, c'est l'heure du lit, même si le dessin animé ou la tour en briques ne sont pas finis.

• Ne vous laissez pas entraîner dans des demandes sans fin. Le verre d'eau, c'est juste avant de se coucher ou en se lavant les dents, plus après. Faire pipi, pareil.

• Terminez le rituel avec un gros câlin et une phrase magique : « Dors, maintenant, fais de beaux rêves. On se revoit demain matin pour un super petit déjeuner », ou toute phrase qui vous va bien. Assurez l'enfant que vous viendrez le voir et lui faire un petit baiser lorsqu'il dormira.

• Vérifiez que l'enfant a bien tous ses « copains de lit » et son doudou avec lui. C'est un élément de réconfort essentiel. Au besoin, allumez la veilleuse.

• Quittez la chambre une fois le rituel fini, sans attendre que l'enfant soit endormi. N'oubliez pas que ses conditions d'endormissement du soir doivent être les mêmes que celles qu'il retrouvera s'il se réveille la nuit. Donc pas de présence parentale ni de boîte à musique.

DÉCOURAGER LES RAPPELS

• Si votre enfant vous appelle, allez-y une seule fois, rapidement, pour vous rassurer sur le fait que rien de grave ne lui arrive. Dites-lui, d'une voix calme et ferme : « C'est l'heure du lit, maintenant, tout va bien, dodo. » Ne discutez pas, ne vous mettez pas en colère, ne criez pas mais ne sympathisez pas non plus. Si c'est dur pour vous de ressortir de la chambre rapidement, ne le montrez pas.

• Si les pleurs persistent après une dizaine de minutes, dites-lui juste, à travers la porte : « Nous sommes là, tu peux dormir tranquille, à demain. » Après une vingtaine de minutes, entrez à nouveau et dites la même phrase. Restez moins d'une minute, puis ressortez. « Maman, un câlin ! — Je t'aime, mais ce n'est plus l'heure des câlins, c'est l'heure de dormir. Je te ferai un câlin demain matin. » En le rassurant ainsi toutes les quinze à vingt minutes, vous vous assurez que tout va bien et vous évitez que votre enfant ne se sente abandonné.

• Ne montrez ni sympathie ni énervement. Il ne sert à rien de se fâcher, d'alterner câlins et cris. N'oubliez pas qu'il ne s'agit pas de punir votre enfant ni d'obtenir quoi que ce soit par la peur ou la menace. Il s'agit de lui donner le plaisir de se coucher. La meilleure attitude, lorsque vous entrez dans la chambre ou l'y reconduisez, est d'adopter un visage lisse, inexpressif et de vous exprimer de manière neutre et répétitive. Ne lui dire qu'une phrase, sans câlin ou autre récompense, vise à le convaincre qu'il n'a rien d'agréable à attendre de vous à cette heure-ci.

• Il est fréquent que le père soit plus efficace que la mère pour obenir le calme du soir : l'enfant attend plus de souplesse de cette dernière et il se sent plus capable d'attendrir. Dans ce cas, c'est au père d'y aller. « Je veux maman ! — Ta maman est fatiguée, elle se repose. À cette heure-ci, ce n'est plus l'heure des mamans. Donc tu te tais et tu dors. À demain. »

Si l'enfant se relève

• Si votre enfant sort de son lit, de sa chambre et vous rejoint, prenez-le par la main et reconduisez-le immédiatement. Ne montrez pas votre colère et ne discutez pas avec lui. Contentez-vous d'une phrase comme : « Je t'aime, mais c'est l'heure du lit pour les petits enfants, alors tu retournes dans le tien et tu y restes jusqu'à demain matin. » Il est important que vos mots aient du sens, que l'enfant soit convaincu que vous parlez sérieusement. S'il se relève encore, raccompagnez-le sans un mot, fermement, autant de fois que nécessaire.

• Si votre enfant se relève trop souvent et que vous n'arrivez pas à l'en dissuader, vous pouvez fermer la porte de sa chambre, de manière qu'il ne puisse pas la rouvrir pour sortir. Les petits enfants ont horreur de cela. Le vôtre va donc protester. Dites-lui que vous laisserez à nouveau la porte ouverte s'il reste dans son lit. Soyez très clairs : « Si tu restes dans ton lit, j'ouvre la porte ; si tu te relèves ou sors à nouveau, je la ferme. »

• Si l'enfant a le droit de sortir de son lit et de jouer avant de dormir, à condition qu'il le fasse tranquillement, demandez-lui juste de ne pas sortir de la chambre.

L'important est que l'enfant comprenne bien que la situation est entre ses mains. C'est lui qui, par son comportement, décide si la porte est ouverte ou fermée. Ses cris ne comptent pas, seul le fait qu'il se relève ou non. L'enfant doit vous sentir prêts à réagir immédiatement à son comportement, décidés à ne pas changer les règles du jeu.

S'il a peur du noir

• Rassurez votre enfant de la voix : « Tu ne risques rien, nous sommes là, tu es en sécurité, tu peux dormir tranquille. »

• Allumez une petite veilleuse dans la chambre. Elle suffit le plus souvent pour que l'enfant reconnaisse les formes familières de ses meubles et de ses jouets dans l'obscurité. Elle vous dispense aussi d'allumer si vous devez retourner dans sa chambre pendant la nuit.

• Laissez la porte ouverte afin qu'il entende les bruits de la maison en arrière-fond. C'est souvent rassurant pour l'enfant d'entendre les bruits de la cuisine, des parents qui bavardent : il ne se sent pas seul ni abandonné. Il sait que vous veillez.

C'est tout. Si vous en faites trop, vous lui donnez l'impression qu'il a effectivement quelque chose à craindre. Si l'enfant sent que vous avez « peur de ses peurs », il va vite comprendre que c'est un argument qui marche pour vous faire revenir et rester auprès de lui. Il va donc s'en servir tous les soirs. Vous ne pourrez plus distinguer la vraie peur de la manipulation.

N'oubliez pas que les enfants copient les attitudes de leurs parents. Si vous êtes à l'aise dans le noir, si vous considérez l'obscurité comme douce et chaleureuse, votre enfant se rassurera bien vite. Montrez-lui que sa chambre est exactement la même dans la lumière et dans l'obscurité. (Voir aussi p. 167–171)

Le lendemain matin

Quand l'enfant se réveille le matin, laissez-le se joindre à vous, même dans votre lit si vous y êtes encore. Faites alors un grand câlin de retrouvailles et partagez un joyeux petit déjeuner. Montrez-lui votre plaisir de le retrouver.

Quelle qu'ait été l'attitude de votre enfant le soir et la nuit précédents, félicitez-le de ses efforts. Dites-lui qu'il est un grand de s'être enfin endormi tout seul et que vous êtes fiers de lui.

Les réveils nocturnes

Nous avons vu que le sommeil de tous les êtres humains s'établit selon des cycles de quatre-vingt-dix à cent-vingt minutes, séparés par une période de presque éveil. La plupart des adultes et des enfants apprennent à se réveiller, se retourner dans leur lit et se rendormir aussitôt sans gêner personne. Quand les petits enfants sont pris dans les bras, cajolés, nourris, à chaque fois qu'ils parviennent en sommeil léger, ils prennent l'habitude de se réveiller souvent pour profiter de tant de moments agréables. Si cette attention leur est retirée, ils comprennent vite que cela ne vaut plus la peine de s'énerver et qu'il vaut mieux se débrouiller tout seul.

Ces réveils nocturnes doivent absolument être distingués des accès de somnambulisme. L'enfant somnambule se lève, généralement de manière calme, hésitante. Sa promenade n'a pas forcément de but précis et il finit par retourner dans son lit. L'enfant ne vient pas chercher ses parents, il ne demande pas d'aide, pour une raison simple : en réalité, il ne cesse pas de dormir. Le corps se met en mouvement durant le sommeil lent profond. L'enfant peut être reconduit au lit gentiment, mais il est tout à fait décommandé de le réveiller : cela ne pourrait que le mettre dans un état de grande confusion. Le lendemain, il ne se souviendra de rien.

Le but : des nuits calmes

Il n'existe pas de méthode magique pour que l'enfant ne se réveille plus la nuit ; mais il est assez simple de parvenir à ce qu'il ne réveille plus ses parents. Soit il se réveille, regarde le plafond, joue un peu, resserre son doudou contre lui et se rendort. Soit il se rendort si vite qu'il n'a même pas conscience de s'être éveillé. Dans les deux cas, il n'y a plus de problème.

La technique à appliquer est globalement la même que la précédente. Il s'agit de frustrer l'enfant des bénéfices qu'il a à se réveiller et à appeler ses parents, jusqu'à ce qu'il réalise que cela n'offre plus d'intérêt et qu'il est plus agréable de dormir.

Une réaction prévisible

Avant d'en arriver là, il faut s'attendre à ce que la situation empire. L'enfant, habitué à ce que ses parents viennent le rejoindre rapidement lorsqu'il les appelle et à recevoir des câlins, ne va pas comprendre ce qui se passe. Même si vous lui expliquez votre décision, il va tout faire pour vous faire fléchir, donc crier encore plus fort et plus longtemps que d'habitude. C'est à cette étape qu'il ne faut surtout pas craquer et venir au comportement d'avant. Vous devez, avant de commencer, être absolument décidés, ensemble, à tenir un minimum de trois nuits. À ce stade, l'amélioration vous aura convaincus de continuer. Quelle que soit la quantité de cris ou de pleurs de votre enfant, ne renoncez pas,

La première nuit est généralement la pire. Il n'est pas rare que la quantité de cris diminue déjà dès la deuxième nuit, et nettement dès la troisième. Comme si l'enfant, au fond, n'attendait que cela : que ses parents posent une limite à sa toute-puissance et l'aident à se discipliner lui-même.

L'attitude des parents doit être patiente, affectueuse, ferme et déterminée. L'enfant ne doit pas se sentir rejeté ou en risque de perdre l'amour de ses parents.

Quelques précautions

CHOISIR LE BON MOMENT

Outre le fait de prévenir les voisins, il est bon de commencer la rééducation du sommeil au bon moment :

— Lorsque l'enfant est dans une phase calme de son existence, sans changements ou perturbations majeures (déménagement, changement de mode de garde, modification de la composition familiale, etc.).

— Lorsque les parents ont la possibilité de supporter quelques mauvaises nuits. Commencer le vendredi soir peut être une bonne idée, si les parents n'ont pas à se soucier de savoir dans quel état ils iront travailler le lendemain.

REMPLIR L'AGENDA DE SOMMEIL

Avant de commencer, n'oubliez pas de remplir l'agenda de sommeil (voir p. 218) pendant quelques jours, pour faire un état objectif de la situation de départ. Puis remplissez-le chaque jour lorsque vous aurez commencé la « rééducation », afin de repérer et de suivre très concrètement les changements qui se produisent.

S'efforcer d'écrire chaque nuit le temps des pleurs, les moments d'intervention, les heures d'endormissement et de réveil, cela aide à dépasser l'aspect émotionnel. Il est si pénible d'entendre pleurer son petit enfant qu'il est bien difficile d'avoir une juste notion du temps. C'est pourquoi regarder la pendule et noter les heures est si important.

Voir sur le schéma que l'enfant n'a pleuré que trente minutes au lieu de cinquante la veille ne rend pas le temps de pleurs moins pénible, mais donne le courage de continuer.

PRENDRE SOIN DES JOURNÉES

Autant que possible, faites des journées des moments agréables, détendus, où vous vous montrez particulièrement disponibles et encourageants pour votre enfant. C'est dans votre affection qu'il puise la force de faire les efforts que vous lui demandez. Il sent votre confiance et vos encouragements. Il a

besoin de sentir que vous êtes comme des « entraî-
neurs » qui le soutiennent dans la réalisation d'un
exploit, et non des « adversaires » qui veulent se
débarrasser de lui la nuit.

DÉPLACER LES AÎNÉS OU LES PUÎNÉS

Si l'enfant à qui vous allez demander de dormir
toute la nuit sans aide est dans la même chambre
qu'un aîné ou qu'un puîné, il peut être nécessaire de
déplacer ce dernier quelques nuits. C'est d'autant plus
simple qu'il n'a, lui, aucun problème de sommeil.
Il peut dormir dans le salon, voire dans la chambre
des parents. À celui qui reste dans la chambre, vous
expliquez que son frère (ou sa sœur) reviendra dès
qu'il ne fera plus de bruit la nuit et qu'il dormira tranquillement. Ce peut être une motivation supplémentaire pour réussir rapidement.

PRÉVENIR ET SE PRÉPARER

La conversation a lieu de jour, quand l'enfant est
disponible pour écouter, jamais lors de la crise. Quel
que soit l'âge de l'enfant — mais plus il est grand et
plus c'est une aide importante —, informez-le de ce
que vous allez faire, dites-lui pourquoi vous allez le
faire et comment. Exposez-lui clairement ce que vous
attendez de lui.

Ne vous attendez pas pour autant à ce qu'il se
range rapidement à vos arguments logiques et adopte
votre point de vue. Mais il sera touché par votre ton
convaincu et amical.

« Je suis une maman tendue et épuisée parce que je ne dors pas assez la nuit. J'adore passer du temps avec toi la journée, tu es mon enfant chéri, mais la nuit j'ai besoin de dormir. À partir de maintenant, tu vas apprendre à te débrouiller seul et à ne plus nous appeler ni nous réveiller. Si tu te réveilles, occupe-toi tranquillement dans ton lit ou dans ta chambre jusqu'à ce que le sommeil revienne. Ni ton papa ni moi ne viendrons nous occuper de toi. »

Décidez, au sein du couple, lequel devra intervenir lorsque les appels commenceront à trois heures du matin. Le plus résolu ou le moins sensible aux pleurs sera le mieux placé pour calmer l'enfant.

La méthode : ne plus intervenir

Si votre enfant a pris l'habitude de crier ou d'appeler, une ou plusieurs fois, au milieu de la nuit, sans autre raison que le désir de vous voir et l'impossibilité de se rendormir sans votre intervention, la seule solution est de le laisser pleurer.

Il va rapidement comprendre que même pleurer ne lui permet pas d'obtenir ce qu'il espère : votre attention et votre présence. Au bout d'un moment, il arrêtera.

La méthode radicale

Elle est appliquée par les tenants de la ligne stricte et rapide. Le principe est simple : après l'avoir informé, on laisse pleurer l'enfant jusqu'à ce qu'il s'arrête et s'endorme.

• Lorsqu'il appelle la nuit, on va le voir une seule fois, pour s'assurer qu'il n'a pas de problème de santé, que tout va bien. Sans allumer, sans le prendre dans les bras, sans lui donner à boire ni quoi que ce soit.

• On rassure l'enfant, d'une voix gentille mais neutre, en lui disant que tout va bien, qu'on est là, qu'il doit dormir tranquillement, qu'on ne reviendra pas dans sa chambre, qu'on fera un gros câlin au matin. Puis on retourne se coucher, avec des bouchons d'oreilles. Là commence la partie difficile de l'opération : tenir le coup alors que l'enfant pleure et appelle. Cela peut durer une heure ou deux la première nuit, beaucoup moins les suivantes. C'est aussi redoutable qu'inévitable.

• Si l'enfant se fait vomir à force de pleurer, on entre dans la chambre, on change ce qui doit l'être rapidement et sans un mot, et on ressort dès que possible.

L'inconvénient de cette méthode est que l'enfant risque de pleurer longtemps, surtout s'il pense que ses parents l'ont finalement abandonné à son triste sort. De leur côté, c'est si difficile à supporter qu'ils craquent souvent avant que l'enfant ne finisse par s'endormir.

La méthode douce...

• Quand votre enfant crie la nuit, attendez cinq minutes avant de répondre. Puis allez-y et assurez-vous rapidement que tout va bien. Ne le prenez pas, ne dialoguez pas, n'allumez pas, ne le caressez pas.

Regardez-le dans les yeux et dites-lui d'une voix ferme : « Tout va bien, maintenant tu te tais et tu dors. » Ne montrez ni sympathie ni hostilité.

• Si les pleurs persistent, attendez dix minutes. Puis retournez dans la chambre et, tout aussi brièvement, dites la même chose, de la même manière : « À cette heure-ci, on ne pleure pas, on dort. Bonne nuit, à demain. » Et ressortez.

• Quinze minutes plus tard, si les pleurs sont toujours aussi vifs, redites la même chose, mais sans vous montrer : depuis votre lit ou depuis le couloir. Refaites la même chose si les pleurs continuent : attendre quinze minutes et répondre de la voix, sans vous montrer.

• Si, au bout de quinze minutes, les pleurs s'essoufflent et diminuent en intensité, ne vous manifestez pas : l'enfant va probablement s'endormir sous peu.

• Au réveil suivant ou le lendemain, procédez de la même façon, mais avec des délais plus longs : d'abord dix minutes, puis quinze, puis vingt. Au réveil d'après ou le surlendemain, commencez à quinze, puis vingt minutes. Les autres jours, gardez cette même durée de vingt minutes à chaque fois. À partir du troisième jour, ne vous dérangez plus qu'une fois à chaque éveil, puis contentez-vous de répondre de la voix.

• Intervenez de la même manière chaque nuit, à chaque éveil.

... une méthode efficace

L'avantage de cette méthode sur la précédente, c'est que, en allant voir votre enfant une ou deux fois au bout de quinze ou vingt minutes, vous pouvez vous assurer que tout va bien pour lui. De son côté, vos interventions, même uniquement orales, le confortent dans le fait que vous êtes là, tout près, et concernés. Il ne se sent donc pas abandonné mais soutenu. Cela évite l'apparition d'une angoisse d'abandon ou d'une anxiété du soir qui le rendraient encore plus craintif et peu à même de se montrer autonome.

Les durées indiquées ci-dessus varient d'un spécialiste à l'autre. Ce n'est pas le plus important. Cela dépend en partie de ce que les parents sont capables de supporter. Ce qui est sûr, c'est qu'un protocole précis est une aide précieuse. Supporter des heures de pleurs de son enfant sans intervenir est extrêmement éprouvant. Regarder sa montre, noter, s'aider mutuellement à patienter, cela permet de tenir le coup.

En outre, l'expérience prouve qu'une attente de vingt minutes représente un bon délai. Le plus souvent l'enfant va s'endormir dans les dix ou quinze minutes : ce qui correspond au temps nécessaire pour qu'il se détende et trouve en lui les moyens de s'endormir seul. Un temps supérieur à vingt minutes semble vraiment très long aux parents comme à l'enfant.

Ne craquez en aucun cas, sauf si l'enfant est malade évidemment. Ne lui présentez rien de plus qu'un visage inexpressif, une voix calme et déterminée, une phrase répétitive.

Si vous suivez ce programme et que vous tenez le coup, à chaque éveil et chaque nuit, sans vous départir de votre calme et de votre conviction, le problème de votre enfant sera résolu en très peu de nuits, le plus souvent en moins d'une semaine.

Le matin, quelle qu'ait été la nuit, n'oubliez jamais de montrer à votre enfant votre joie de le retrouver, de lui témoigner beaucoup d'affection et de lui expliquer que vous comprenez ce qu'il ressent, de le remercier et le féliciter de ses efforts pour s'endormir seul. Après tant de colères, il a besoin de sentir qu'il est un bon petit garçon, une bonne petite fille, à qui vous gardez tout votre amour.

Et les médicaments ?

L'usage des sirops pour dormir, dont les enfants français font une grande consommation, doit rester exceptionnel, limité dans le temps et suivi par un médecin. Ces produits masquent les conséquences des troubles du sommeil, mais n'en soignent pas la cause. L'enfant est abruti par l'effet hypnotique, mais personne n'a compris ni ne s'est interrogé sur ce que son symptôme signifiait. Les médicaments efficaces, du type somnifère, ont un effet perturbant sur la nature du sommeil de l'enfant : ils diminuent le temps de sommeil paradoxal. Ils présentent aussi un effet d'habituation. Si bien que l'enfant, lors de l'arrêt du traitement, aura encore plus de mal à dormir et fera plus de cauchemars.

Quant aux médicaments peu efficaces, du type sirop antitussif, très souvent utilisés en automédication, ils doivent être employés avec beaucoup de précautions.

Il faut savoir que les médicaments pour dormir entraînent parfois un effet contraire et une lutte encore plus forte contre le sommeil. L'enfant est très énervé le soir, facilement agité et agressif dans la journée.

Il n'a pas besoin de somnifères. Il a besoin qu'on comprenne les soucis qu'il a dans la tête et qu'on lui apprenne comment faire pour bien dormir. Si traitement sédatif pour l'enfant il doit y avoir, alors il doit être très doux et donné pour un temps court, pour passer un cap, en accompagnement d'une prise en charge plus globale.

L'usage des plantes aux vertus apaisantes est en revanche recommandé. En tisane ou en infusion, vous pouvez donner à boire à votre enfant, une heure avant le coucher, du tilleul, de l'aubépine ou de l'oranger. Ces infusions peuvent aussi être versées dans l'eau d'un bain chaud. Vous pouvez également essayer la valériane, la teinture de passiflore et l'eau de fleur d'oranger, à raison d'une vingtaine de gouttes dans un demi-verre d'eau (ou de lait), chaude et sucrée.

L'enfant dans le lit parental

Deux heures du matin. Louis, deux ans, se réveille. Il est tout seul dans son lit, tout seul dans sa chambre. Pas un bruit dans la maison. Ce n'est pas drôle. Ce n'est pas juste, non plus : papa et maman, eux, dorment ensemble et se font des câlins. Pourquoi ne pas aller en profiter un peu ? Louis attrape sa tétine d'une main, son ours de l'autre. Furtivement, il sort de son lit, longe le couloir obscur pas trop rassuré, pousse la porte de la chambre de ses parents et se glisse tout doucement dans le grand lit. Maman se pousse en soupirant, elle fait un peu de place à Louis. Papa ronchonne un peu, se retourne et se rendort. « Si seulement ils pouvaient me laisser là, se dit Louis, on est si bien tous les trois ! »

Que vient faire l'enfant dans le lit de ses parents ?

Des scénarios divers

Parfois, l'enfant est dans le lit depuis sa naissance. C'était plus facile pour l'allaiter la nuit. Les parents se sentaient plus rassurés d'avoir leur nouveau-né à côté d'eux, au cas où. Le temps des repas de nuit, de l'inquiétude, celui des premières maladies... les mois ont passé, l'habitude a été prise. Bébé « fait ses nuits » depuis longtemps, mais personne ne veut ou ne sait comment mettre un terme à cette situation. Les parents sentent bien, pourtant, qu'il serait temps de le faire.

Mais, le plus souvent, les choses se sont passées différemment. L'enfant dormait gentiment dans sa chambre. À l'occasion d'une fièvre, de cauchemars ou d'une nuit de vacances, l'enfant a été autorisé « exceptionnellement » à dormir avec ses parents ; deux ou trois nuits, parfois agréables pour tout le monde, parfois non. Puis l'absence d'intimité et de place dans leur lit commence à peser aux parents, mais l'enfant, lui, y a pris goût et n'a pas du tout envie de retourner dormir dans le sien.

Des causes variées

Si l'enfant se trouve si bien dans le grand lit, entre ses parents, ce n'est pas seulement qu'il y fait chaud et qu'on n'y est pas seul. Il y est retenu par d'autres pulsions :

• **Le désir de fusionner avec maman :** comme lorsqu'on était un bébé dans son ventre. Chaque enfant a vaguement le souvenir que c'était formidable.

• **La curiosité :** son intuition lui dit qu'il se passe des choses secrètes entre les grandes personnes, qu'il pourrait bien surprendre. D'ailleurs, parfois, il a entendu des bruits bizarres.

• **La jalousie :** s'il se met entre ses parents, il a une chance de prendre la place de l'un ou de l'autre. Qui sait : et si papa allait dormir sur le canapé, est-ce que ce ne serait pas merveilleux d'avoir maman pour soi tout seul ? Si « l'autre », celui qui gêne, est absent, il y a une place vide dans le lit de papa ou de maman qui n'attend que lui (ou elle)...

Peut-on laisser l'enfant dans le lit parental ?

Jusqu'à quel âge ?

Il n'y a pas de problème à garder son nouveau-né près de soi la nuit. De préférence dans le couffin à côté du lit plutôt que dans le lit lui-même : ce sera plus facile pour sortir l'enfant de la chambre lorsque les parents l'auront décidé. Mais, passé les premiers mois, dès que bébé « fait ses nuits », il est préférable de l'habituer à dormir dans sa chambre. Plus tôt il y prendra ses repères, mieux il s'y sentira et plus la transition sera facile.

Le « lit familial »

L'idée de dormir avec son (ses) enfant(s) dans un grand lit familial peut sembler à certains parents amusante et chaleureuse. Après tout, n'est-ce pas le cas dans de nombreux pays du monde ? En Occident aussi, il n'y a pas si longtemps, à la campagne, les petits dormaient avec les grands. Alors ? Alors à l'époque, on n'avait pas d'autre choix. Aujourd'hui, pour apprécier l'idée de dormir en famille, il faut que les parents aient le sommeil lourd et que les enfants dorment sans trop gigoter. Il faut aussi que les parents aient renoncé à toute intimité de couple dans leur lit — ce qui complique singulièrement les relations : il ne s'agit pas seulement ici de relations sexuelles, mais aussi de conversations privées ou de tout ce qui peut s'échanger en couple dans l'intimité d'un lit. Enfin, il faut que les parents persistent à ignorer ce que dit la majorité des psys sur la nécessaire distance entre les générations et la valeur structurante de la frustration.

Mais pour l'immense majorité des parents qui trouvent que leur lit doit rester un lieu privé, au moins jusqu'au petit matin, il est bon de savoir qu'on peut éviter que les petits intrus ne se glissent entre les draps aux heures sombres de la nuit. L'exiger est parfaitement légitime. L'enfant n'en sera pas traumatisé, au contraire. Il sera profondément sécurisé de sentir que chacun est à sa place et que ses parents qui s'aiment ont besoin de temps seuls tous les deux.

Les inconvénients à dormir avec son enfant

Dormir avec son enfant dans le grand lit, c'est :

• **Moins de sommeil pour les parents,** dérangés par les mouvements et les bruits de l'enfant. Le temps et la qualité du repos sont diminués. Mais, pour les parents, l'inconvénient principal est le manque de paix et d'intimité. Quand la chambre n'est plus un lieu privé pour le couple, il n'est pas évident d'en trouver un autre.

L'enfant a « gagné » (mais pour sa construction psychologique, c'est un très mauvais scénario) lorsque l'un des parents, excédé, lui laisse sa place dans le lit et s'en va finir sa nuit dans la chambre d'amis ou sur le canapé du salon, quand ce n'est pas dans le lit de l'enfant lui-même. Dans un cas comme celui-là, il est temps de remettre chacun à sa place : papa avec maman, l'enfant dans sa chambre. C'est tout l'équilibre familial et la vie du couple qui sont en jeu.

• **Moins de sommeil pour l'enfant,** contrairement à ce qu'on imagine parfois. Paradoxalement, dans le lit parental les enfants se réveillent plus souvent la nuit que ceux qui dorment seuls et n'apprennent pas à s'endormir par leurs propres moyens. Ils présentent aussi fréquemment des troubles anxieux : il n'est pas facile de se sentir une petite personne autonome, qui peut se séparer sans crainte de ses parents la journée, quand on n'a pas appris à le faire la nuit. Il n'est pas évident d'affronter les craintes liées à la solitude ou à l'obscurité lorsque les parents ont toujours protégé de tout.

• Une difficulté de plus en plus grande pour mettre ou remettre l'enfant dans son lit.

Aussi les parents n'ont-ils absolument pas à se sentir coupables s'ils interdisent leur lit à leur enfant la nuit. Non seulement il n'en souffrira pas, mais il va en profiter pour accroître ses compétences. Parce que ses parents lui font confiance, il va renforcer sa propre estime de lui-même et développer pleinement sa personnalité.

Les moyens d'y remédier

L'enfant qui vient se glisser dans le lit de ses parents

C'est tout simple. Vous offrez votre sympathie, mais pas votre lit. Si votre enfant appelle la nuit, c'est à vous de vous déranger, non à lui de se lever pour venir à vous. C'est fatigant, mais c'est plus sûr.

Chaque fois que l'enfant vient se glisser dans le lit parental, raccompagnez-le dans le sien immédiatement, sans discuter (quand il est en mesure de le faire lui-même, contentez-vous de lui dire d'y retourner). Répétez juste la règle instituée : « Pour dormir, c'est chacun dans son lit. »

Tout délai ne fait que renforcer la difficulté. Procédez avec gentillesse, pour que l'enfant ne se sente pas rejeté, mais avec fermeté. Pas de jeu, ni de câlin, ni même de sourire.

S'il revient, recommencez, avec la même détermination : une fois papa, une fois maman, ou bien une nuit chacun. Ainsi, l'enfant sentira bien l'accord de ses parents : impossible de jouer l'un contre l'autre. Cette façon de faire, si elle est coûteuse en sommeil pour les parents au début, est aussi la seule qui marche rapidement.

Le secret de sa réussite tient en deux mots :

— Détermination. L'enfant doit sentir que ses deux parents sont absolument décidés et ne se laisseront pas fléchir, même par une crise de larmes.

— Cohérence. Si l'enfant est remis dans son lit le lundi et toléré le mardi, ou bien s'il est repoussé à minuit et accepté à trois heures du matin, il apprend surtout une chose : il faut toujours essayer.

« D'accord, mais juste pour cette fois » est un argument totalement incompréhensible, au moins jusqu'à quatre ans. L'enfant a l'âge d'apprendre les règles, pas celui d'intégrer les exceptions à la règle.

L'enfant qui a toujours dormi avec ses parents

Dans ce cas, il s'agit de sortir l'enfant de la chambre, voire du lit, des parents pour lui apprendre à dormir seul, dans son lit. La difficulté de la transition va évidemment dépendre de l'âge de l'enfant. Plus il est jeune et plus c'est facile. Dans tous les cas, vous allez avoir besoin de patience et de constance.

• Faites de sa chambre et de son lit des lieux agréables à investir.

• Commencez par habituer votre enfant à jouer dans sa chambre et passez-y du temps avec lui.

• Dans un premier temps, couchez votre enfant dans sa chambre pour les siestes. C'est souvent beaucoup plus facile que pour la nuit et c'est une bonne façon de prendre l'habitude de dormir seul dans son petit lit.

• Si votre enfant n'a pas de doudou, essayez de favoriser son attachement à une peluche particulière, avec laquelle vous le coucherez chaque soir. Le but est que l'enfant se sente en sécurité, la nuit, s'il serre cette peluche dans ses bras.

• Prévenez votre enfant de ce qui va se passer à partir de maintenant, puis franchissez le pas de le coucher dans son petit lit, dans sa chambre, directement au moment de l'endormissement.

• Les jeux de rôle pendant la journée sont un support efficace pour aider l'enfant à bien comprendre et intégrer la nouvelle situation. Par exemple, on joue à coucher les poupées et les peluches, deux ensemble, une petite ailleurs. La poupée « bébé » ou l'ourson se relève et veut se coucher avec son papa et sa maman. On demande alors à l'enfant de la (le) recoucher en lui expliquant pourquoi elle (il) doit dormir dans son propre lit.

• Ne changez rien au rituel que vous avez mis en place. Il prend ces jours-là toute son importance. C'est vraiment le moment où vous accompagnez votre enfant au lit, où vous le rassurez, afin de pouvoir le laisser ensuite se débrouiller. À la fin du rituel, dites bonne nuit à votre enfant et sortez de sa chambre.

• S'il proteste, attendez quelques minutes, puis allez le rassurer. Ne le ressortez pas de son lit. S'il ne se calme pas, restez un petit moment à ses côtés, mais dans sa propre chambre. Ne revenez pas sur votre décision.

• Si votre enfant a du mal à s'endormir ou s'il se réveille la nuit, traitez ces difficultés comme cela a été décrit plus haut, mais en faisant preuve, les premiers jours, de beaucoup d'empathie et de compréhension.

Faire sortir l'enfant de la chambre parentale pour l'installer dans la sienne peut être une épreuve pour lui, mais ça l'est souvent davantage encore pour la maman. Il lui faut se souvenir combien son enfant se sentira heureux et confiant en lui-même lorsqu'il aura découvert la joie de retrouver chaque soir son petit lit.

Convaincre un enfant de dormir dans son lit est toujours possible. C'est plus facile lorsque les parents n'ont pas l'impression de faire cela par égoïsme, pour protéger leur propre sommeil, mais qu'ils ont compris qu'ils offrent ainsi à leur enfant la chance d'un meilleur équilibre psychologique et, pour eux, la chance d'une meilleure vie de couple.

Cauchemars
et terreurs nocturnes

La technique expliquée précédemment s'applique, rappelons-le, lorsque l'enfant va bien mais qu'il a développé de mauvaises habitudes de sommeil. La méthode permet aux parents de mettre un terme à l'habitude qu'a le bébé de faire dépendre endormissement et bon sommeil d'un apport ou d'une présence extérieurs. Elle peut aider beaucoup, mais ne peut résoudre les causes des réveils nocturnes de l'enfant.

On ne peut pas parler de mauvaises habitudes (même si cela risque de le devenir) lorsqu'un enfant appelle soudain la nuit, même plusieurs nuits de suite, alors qu'il dormait très bien jusque-là. Ou lorsqu'il se met soudain à montrer de grandes craintes à se retrouver seul le soir : ce qui n'était pas le cas précédemment.

Il y a donc beaucoup de situations où cette méthode n'est pas la solution. Si l'enfant a fait un cauchemar ou s'il est victime de terreurs nocturnes, il n'est pas question de le laisser pleurer sans l'assister. C'est aussi le cas si l'enfant :

— est par nature un petit dormeur ;

— souffre d'une anxiété de séparation importante ;

— vit dans un environnement stressant ;

— a des soucis à l'extérieur : à l'école, par exemple ;

— a vécu récemment un deuil ou une naissance dans la famille proche ;

— a été hospitalisé ;

— n'a pas pu passer suffisamment de temps de qualité avec ses parents ;

— a des parents en conflits importants ;

— souffre d'un problème médical qui crée un inconfort important.

Dans tous ces cas et bien d'autres, l'enfant a besoin que ses parents fassent le nécessaire :

— pour comprendre ce qui le perturbe et en parler avec lui ;

— pour résoudre le problème dans toute la mesure du possible ;

— pour lui apporter encouragement, soutien et tendresse.

Les cauchemars

Les cauchemars des enfants, fréquents entre deux et sept ans, ne sont rien d'autre que des mauvais rêves comme tout le monde en connaît. Leur contenu est désagréable ou effrayant. Nous, adultes, avons l'avantage de savoir, dès notre réveil, que « ce n'était qu'un rêve ». Pour l'enfant, faire la part entre le rêve et la réalité est plus difficile. Quand le petit se réveille au milieu de la nuit, le voleur ou les chiens énormes dont il a rêvé sont encore présents. C'est pourquoi il va avoir besoin de ses parents pour se rassurer et reprendre pied dans le réel. Plus l'enfant est jeune et plus il aura du mal à faire la part entre le réel et l'imaginaire.

À moins qu'ils ne reviennent toutes les nuits ou plusieurs fois par nuit, les cauchemars ne doivent pas susciter d'inquiétude particulière. Ils font partie du développement habituel. Si l'enfant est normalement joyeux et actif dans la journée, un cauchemar occasionnel n'est pas un signal d'alerte.

Il est généralement facile de distinguer un cauchemar d'un éveil nocturne, régulier, toutes les nuits à la même heure, entre deux cycles. L'enfant se réveille généralement brusquement, en proie à la peur d'une chose qui n'est pas arrivée. Il appelle ou vient chercher ses parents, mais il se peut également qu'il pleure sans se réveiller. Selon son âge, l'enfant est capable ou non de décrire ce qui l'a effrayé. Rassuré par ses parents, il va retrouver son calme et être capable de se rendormir aussitôt.

Le cauchemar est également à distinguer des illusions d'endormissement, encore appelées « hallucinations hypnagogiques ». Ces dernières sont des phénomènes qui surviennent en tout début du sommeil : sursauts d'endormissement, mais aussi impressions de voir ou d'entendre des choses étranges (ombres, bruits bizarres). Du coup, il devient facile d'imaginer, dans cette phase légère d'endormissement, qu'un gros loup est caché sous le lit ou qu'un voleur ouvre lentement la porte.

Les causes des cauchemars

Comme les autres rêves, les cauchemars surviennent en phase de sommeil paradoxal.

Il existe beaucoup de théories différentes sur la signification des rêves, bons ou mauvais. Disons qu'ils sont l'expression de la vie intérieure de la personne, avec ses conflits, ses peurs, ses contradictions, ses désirs. Ils sont inspirés par ce qui a été vécu au cours de la journée précédente.

La cause des cauchemars est à rechercher dans les conflits internes, essentiellement inconscients, que peut vivre l'enfant, au même titre que tout être humain. Certaines idées, culpabilisées, reviennent sous forme d'un danger qui le menacerait. Certains désirs — comme prendre son autonomie, par exemple — s'expriment sous la forme de leur autre face, la peur. Tout cela est normal. L'enfant grandit. Son psychisme se construit et se complexifie. Aucune vie d'homme ne peut être exempte de tout conflit intérieur et de toute angoisse.

Il existe également des événements extérieurs, générateurs de stress, qui peuvent favoriser la survenue de cauchemars à certaines périodes :

— Une exigence parentale trop grande, notamment lors de l'acquisition de la propreté.

— Une expérience mal vécue dans la journée, une grosse contrariété, par exemple.

— Le changement (d'assistante maternelle, de lit, de chambre...).

— La fièvre ou la consommation de certains médicaments.

— La vue de certaines émissions de télévision.

— Un malaise physique bénin : nez bouché, piqûre de moustique, indisposition due à une trop grosse chaleur, etc.

Que faire face à un cauchemar ?

• Supprimez de la vie de l'enfant, notamment le soir, toute émission télévisée ou toute histoire un peu effrayante. Soyez attentifs à ce que le rituel de mise au lit soit particulièrement paisible et rassurant.

• Si votre enfant ronchonne ou pleure un peu en dormant, ne le réveillez pas. Il rêve. Le passage désagréable qu'il semble traverser passera d'autant mieux que vous laisserez le rêve se dérouler normalement, sans intervenir.

• Si votre enfant vous appelle en criant soudainement, allez le voir (cela vaut mieux que de le laisser venir) et réconfortez-le. S'il est capable de vous raconter son rêve, il en ressentira certainement un soulagement. Pour les plus jeunes (deux ou trois ans), un câlin, un verre d'eau, reprendre son ours dans les bras suffit à les réconforter.

• Expliquez à l'enfant qu'il a fait un mauvais rêve. Tout le monde en fait, ce n'est pas grave. Et surtout, dites-lui que ce n'est pas vrai, c'est comme une histoire dans un livre. Il va bien, la chambre et toutes ses petites affaires sont là. Vous êtes là, vous aussi.

• C'est surtout l'attitude calme du parent qui va rassurer l'enfant, il est donc inutile d'en faire trop. Par exemple, ce n'est pas la peine de regarder par la fenêtre si les méchants messieurs sont bien partis : cela ne ferait que donner une réalité à ce qui n'en a pas. Mais ne minimisez pas non plus le ressenti de l'enfant, réellement effrayant, avec une phrase comme : « Ce n'est rien, c'est un rêve. » C'est effectivement un rêve, mais, pour lui, ce n'est pas rien.

• Ne quittez l'enfant que lorsque vous le sentez rassuré et calme, prêt à se rendormir. Recouchez-le dans son lit, avec son doudou, et ressortez avant qu'il ne dorme à nouveau. Si ses craintes persistent, laissez une veilleuse ou la lumière du couloir allumée.

• Le lendemain matin, il est fréquent que l'enfant se réveille avec un sentiment d'anxiété diffuse. Félicitez-le de son courage d'avoir pu se rendormir. Vous pouvez lui demander s'il se rappelle de son rêve et lui suggérer de le dessiner. Avec les plus grands, vous pouvez essayer d'avoir une conversation pour savoir si une chose le préoccupe et l'aider à trouver une solution. Mais, le plus souvent, le cauchemar n'est qu'un événement isolé, sans signification apparente.

Les terreurs nocturnes

Pour les parents, les terreurs nocturnes se présentent comme une forme plus impressionnante, mais heureusement beaucoup plus rare, de cauchemars.

À quoi les reconnaît-on ?

Contrairement aux cauchemars, les terreurs nocturnes surviennent de préférence dans la première moitié de la nuit (moins de trois heures après le coucher), dans la phase de sommeil lent profond. C'est pourquoi l'enfant ne se réveille pas réellement.

Dans les versions plus atténuées, l'enfant marmonne, s'assied l'air un peu hagard, puis se recouche. Quant aux vraies terreurs nocturnes, généralement, lorsque les parents arrivent dans la chambre de l'enfant, alertés par des cris, ils le trouvent assis ou dressé sur son lit, l'air complètement terrorisé par des choses visibles de lui seul. Si on le touche, il se débat et ne reconnaît personne. L'enfant peut crier, parler, s'asseoir, marcher, repousser qui veut l'aider. Il a les yeux ouverts, mais il semble comme halluciné. Même s'il a l'air de regarder devant lui, il ne voit pas ses parents. Aussi étrange que cela puisse paraître, il dort.

Autant un enfant peut se souvenir d'un cauchemar et le raconter, autant il ne garde jamais aucun souvenir d'une terreur nocturne qui n'est pas à proprement parler un rêve.

La phase de terreur peut durer entre dix et trente minutes, temps qui paraît bien long aux parents impuissants devant ce paroxysme d'angoisse. Puis l'enfant, s'il n'a pas été réveillé, reprend le cours de son sommeil, tranquillement. La terreur nocturne classique se termine aussi soudainement et mystérieusement qu'elle a commencé.

Que faire ?

La principale difficulté pour les parents est qu'il n'y a rien qu'ils puissent faire, hormis s'assurer que l'enfant ne se fait pas mal pendant la crise. Le réveiller est difficile et parfaitement inutile. Cela ne peut que créer un état confusionnel très pénible pour lui. Ils peuvent juste lui parler tranquillement, rester près de lui, lui passer un peu d'eau sur la figure et attendre qu'il reprenne le cours normal de son sommeil. La seconde difficulté consiste à garder son calme et à ne pas s'affoler. Si l'enfant venait à se réveiller, ayant tout oublié, l'inquiétude de ses parents lui ferait peur.

Bien qu'on ne sache pas encore très bien à quoi correspondent ces épisodes, les études ont montré qu'ils se produisent de préférence chez des enfants stressés ou fiévreux ou bien trop fatigués et excités au moment de se coucher. Il semble qu'il y ait également une composante familiale. Environ 3 % des enfants sont concernés : ce qui reste minime. On en rencontre chez les enfants de six mois jusqu'à l'adolescence, mais la période la plus fréquente se situe entre trois et six ans. Le plus souvent, les enfants font quelques épisodes de terreurs nocturnes, puis cela disparaît totalement. Si les terreurs nocturnes se répètent chez un enfant, si les parents s'inquiètent sérieusement, il est bon de consulter un pédiatre ou un psychologue afin de faire le point et de comprendre comment aider l'enfant.

Conclusion

Les troubles du sommeil sont destructeurs à de multiples niveaux. Ils peuvent se révéler particulièrement ennuyeux à long terme dans deux domaines...

Les troubles du sommeil génèrent un stress important

Le bébé a absolument besoin, pour parvenir à bien dormir, que ses parents se montrent calmes et rassurants. Cela est difficile lorsqu'on est épuisé, qu'on se demande ce qu'on a fait pour avoir un bébé pareil, qu'on se dit qu'on est forcément une mauvaise mère ou un père incompétent et que l'on comprend de mieux en mieux les parents maltraitants...

La seule solution consiste à faire le nécessaire pour que le problème cesse, c'est-à-dire appliquer les bonnes techniques ou consulter un spécialiste. Puis il faut apprendre à se détendre, à se faire plaisir, à se relaxer, à déléguer, à se faire aider, à respirer tranquillement, etc. Toutes les techniques pour combattre le stress sont valables.

En tant que parents, il est important de se dire que l'on n'est pas coupables des troubles du sommeil de son enfant : on en serait plutôt les victimes. Mais il nous appartient d'en comprendre les mécanismes et de changer ce qui doit l'être.

Le bébé n'est pas coupable non plus : il ne fait rien dans le but d'embêter ses parents ou de les pousser à bout. Il est juste la proie d'anxiétés ou de mauvaises habitudes.

Admettre que l'on est stressé et que la situation est très difficile, c'est le premier pas pour mieux assumer la situation.

Les troubles du sommeil ont des répercussions importantes sur la vie de couple

Le stress génère des conflits et des attaques réciproques. La fatigue évacue toute patience. Les parents renoncent souvent à une vie sociale, faute de pouvoir confier leur enfant pour la soirée ou la nuit. Ils renoncent bien souvent aussi à toute vie sexuelle, soit que l'enfant dorme dans leur lit, soit que la fatigue et les préoccupations aient le dessus. Il arrive qu'ils fassent chambre à part.

Or, de nouveaux parents ont extrêmement besoin de se retrouver et de prendre soin du lien qui existe entre eux. Ils ont besoin de partager des soirées calmes, pour échanger sur leur vie, pour se donner de la tendresse, pour se détendre. Ils ont besoin de leurs nuits pour se reposer et reprendre une vie intime. Si leur enfant fait durer indéfiniment les mises au lit et se réveille la nuit, il les prive de ces moments de retrouvailles.

Il est fréquent que le petit enfant prenne une place qui n'est pas la sienne. S'il ne dort pas, c'est pour ne pas laisser ses parents dans une intimité qui l'exclut. Le laisser y parvenir, c'est un bien mauvais cadeau à lui faire. La force de l'amour entre ses parents est ce qui peut arriver de mieux à l'enfant. Il n'y a pas de meilleure protection pour son équilibre et sa construction psychiques.

La mère est souvent divisée entre son désir de prolonger l'intimité particulière qui la relie à son enfant et la nécessité de le rendre plus autonome. C'est au père que revient le rôle de la convaincre qu'elle peut laisser son enfant sans crainte, pour se tourner à nouveau vers son conjoint et vers le reste de sa vie.

Une mère qui s'appuie sur son conjoint et le laisse jouer son véritable rôle auprès du bébé, c'est-à-dire expliquer à ce dernier quelle est sa vraie place dans la famille (une grande place mais pas toute la place), a le comportement le plus heureux qui soit pour son couple et pour son enfant.

Dans le cas du parent seul avec l'enfant, il est encore plus important de montrer clairement à celui-ci quelle est sa place de petit garçon ou de petite fille et de le rassurer pleinement sur le fait qu'il peut grandir en sécurité. Ce n'est pas à lui ou à elle de tenir compagnie à l'adulte la nuit, de compenser sa solitude ni de le distraire.

Table des matières